経済事件簿

地獄の沙汰も金次第

赤坂治績

Akasaka Chiseki

a pilot of wisdom

まえがき

私は歌舞伎《かぶき》を中心とする江戸時代の文化の研究を生業《なりわい》にしている。

江戸時代の文化といえばほとんどの人が歌舞伎・浮世絵・俳句などを連想するだろう。それら江戸文化には大きな特徴がある。それは現代まで伝わる江戸時代の文化はすべて庶民の文化であるということだ。権力から一番遠い所に位置していた庶民が作り育てた文化がこんにちまで伝わっているのである。

たとえば、歌舞伎は町人の下の地位に置かれた者たちが作った芸能で、観客は主に庶民とくに町人だった。もちろん、地方興行の時は百姓（農民など地方に住んだ人々）も観《み》たし、初期から中期までは位の高い武士も歌舞伎を観ていた。しかし、幕府の圧力によって、位の高い武士の公然とした観劇は憚《はばか》られるようになった。

葛飾北斎・歌川広重など、下級武士の出身者もいたが、浮世絵師の多くは庶民の出である。

浮世絵を買ったのも町人や江戸に出てきた百姓や下級武士である。

　私はこれまで歌舞伎・浮世絵を題材に十数冊の著書を上梓《じょうし》したが、研究・執筆する中で文化と政治・経済は表裏の関係にあると感じてきた。

　また歌舞伎を例にあげる。

　歌舞伎の第一次大成期は元禄期（十七世紀末）である。諸説あるが、私は延宝から元禄（一六七三〜一七〇四年）までを元禄時代と捉《とら》えている。その時期は経済の「高度成長期」で、金持ちの庶民も現れた。歌舞伎はその時期、こんにちに伝わる形が成立したのである。第二次大成期は天明期（十八世紀後半）である。田沼時代といわれた時期で、資本主義の要素がさらに強くなった。第三次大成期は文化・文政期（十九世紀前半）である。いわゆる大御所時代で、江戸は新しく流入した人々で溢《あふ》れたが、歌舞伎では下層庶民を主人公とした生世話《きぜわ》物が大流行した。第四次大成期は幕末である。幕末は経済的困窮者が大量に生まれ、泥棒が跋扈《ばっこ》したが、歌舞伎では泥棒を主人公とした白浪《しらなみ》（泥棒）物が大流行した。

　歌舞伎の変遷には四つのピークがあったわけだが、その間に三大改革（享保の改革、寛政の改革、天保の改革）が挟まる。つまり、歌舞伎は経済の成長期または安定期に発展し、政治・経済の混乱期に衰退した。

そのことは浮世絵も同じ。浮世絵は絵入り小説本の挿絵が独立した一枚摺《ず》りの版画をいうが、最初の一枚摺りの浮世絵は「経済成長期」である延宝年間（一六七三〜八一年）に菱川師宣《ひしかわもろのぶ》が作った。

浮世絵にはさまざまなジャンルがあるが、主流は歌舞伎役者を描いた役者絵と美女を描いた美人画である。一枚摺りの役者絵は江戸経済の最初のピークである元禄年間（一六八八〜一七〇四年）に鳥居清信が始めた。浮世絵師の伝記などを記し、江戸時代後期に成立した『浮世絵類考』は清信を「江戸絵の祖」と書いている。浮世絵は大概、江戸で作られた。

多色摺りの浮世絵を錦絵《にしきえ》という。錦絵は経済の中心が江戸に移った明和年間（一七六四〜七二）に鈴木春信が考案した。そして、田沼時代には、勝川春章・鳥居清長・喜多川歌麿《うたまろ》・東洲斎写楽などが活躍して、浮世絵の黄金期となった。

浮世絵は寛政の改革のターゲットとなり被害を受けたが、文化文政期（一九世紀前半）以降、のちに世界的に評価される葛飾北斎・歌川国貞（三代豊国）・歌川国芳・歌川広重などの浮世絵師が輩出した。

つまり、文化は経済という土台の上に咲く。江戸時代の文化を研究しているのであれば、その土台である経済について記す義務があるように思った。

本書の目的は現在の日本経済の原点である江戸時代の経済の実情を明らかにすることにある。

なお、年号はその年の途中で改元された場合でも原則として新しい年号で表記を統一している。ただし、年号の期間を西暦で表記する際には、改元した年も含めている。

目次

第三章　商人の興亡

一、豪商の没落

1、淀屋の創業と繁栄

2、奢侈を理由に闕所・所払い

二、三井が大成長した理由

1、越後屋の新商法

2、大名貸し

三、奢侈禁止令と町人の工夫

1、度重なる贅沢禁止令

2、友禅の開発

3、江戸鹿子

4、歌舞伎が流行らせた色

序　金が敵の世の中――『忠臣蔵』が描いたもの

元禄十四（一七〇一）年三月、江戸城中で、播州《ばんしゅう》赤穂《あこう》城主・浅野内匠頭長矩《たくみのかみながのり》が高家《こうけ》（武家の名門）の吉良上野介義央《きらこうずけのすけよしなか》を傷つける事件が勃発《ぼっぱつ》し、長矩は切腹させられた。

事件はそれで終わらなかった。翌元禄十五年十二月、幕府の処分に不満を抱いた、浅野家家老の大石内蔵助《くらのすけ》良雄ら浪士が吉良邸に討入り、義央を殺害する事件も発生し、翌十六年二月、討入りに参加した浪士たちは切腹させられた。

センセーショナルな事件だから劇化すれば大入りは間違いない。しかし、当時は武士階級で起きた事件の劇化は厳しく禁じられていた。

赤穂事件を意識したのだろう。同じ元禄十六年二月、幕府は「前々から命じてあるとおり、異常事件を謡曲や小歌に作ったり、物語にして出版したりすることを厳重に禁止する。堺町・木挽町《こびきちょう》においても事件を劇化してはならない」（現代語訳）という町触を出した（『御触書寛保集成』に拠《よ》る）。

そのため、当初、この事件の劇化はタブーで、取りあげても、時代物の中で事件を暗示することしかできなかった。

しかし、宝永六（一七〇九）年になると、風向きが変わる。正月、五代将軍・徳川綱吉《つなよし》が逝去したのに伴って、同年七月、恩赦で浅野内匠頭の弟・浅野大学長広の罪が許され、翌年九月、長広は旗本寄合衆に任じられた。浅野家の再興がなったのである。

この年以降、虚実入り混じっているものの、ハッキリと赤穂事件の劇化とわかる作品が登場してくる。そういった作品に、『碁盤太平記』『鬼鹿毛無佐志鐙《おにかげむさしあぶみ》』『大矢数四十七本』『忠臣金短冊《こがねのたんざく》』などがある。

前段の事件から四十七年後の寛延元（一七四八）年八月、前記の先行作を集大成して、人形浄瑠璃《じょうるり》『仮名手本忠臣蔵』が初演され、閏《うるう》十月を含めて十一月中旬まで、五カ月続演する大ヒットとなった。

この作品はすぐ歌舞伎《かぶき》化され、同年十二月、大坂・中の芝居（嵐《あらし》三五郎座）で上演された。また翌年には江戸三座で競演となった。

原作の人形浄瑠璃の作者は竹田出雲《いずも》・三好松洛・並木千柳（宗輔）である。立作者の位置に坐《すわ》っているのは出雲だが、前年の延享四（一七四七）年に初代出雲は歿《ぼっ》したから、この出雲は二代目である。二代目を襲名したばかりだから、この時はまだ名目だけの立作者で、実質的な

『忠臣蔵・六段目』　三代豊国『腰元おかる・早野勘平』　国立国会図書館蔵

立作者は千柳と見られる。

この作品の見どころは「四段目」の塩冶判官《えんやはんがん》（浅野内匠頭）、「六段目」の早野勘平、「九段目」の加古川本蔵の死で、すべて「色（恋愛）」と「金」が絡んでいる。

まず、色から。

「大序」で高師直《こうのもろのお》（吉良）は判官の妻・顔世御前に横恋慕して断られる。その腹いせで、師直は判官を理不尽に苛《いじ》める。それに耐えきれなくなった判官が「三段目」で刃傷《にんじょう》に及ぶのである。

「三・五・六・七段目」は御殿女中のお軽と勘平の恋が描かれる。

大星由良助（大石内蔵助）の嫡男・力弥と桃井若狭助の家老・加古川本蔵の娘・小浪は許嫁《いいなずけ》だが、本蔵が城中で判官を抱き留めたため、両家の間が拗《こじ》れ、「九段目」で本蔵は死をもってそれを打開する。

次に、金。

本蔵の主君の若狭助は「大序」で師直と衝突。若狭助は師直を斬ると決める。老獪《ろうかい》な本蔵は「三段目」で師直へ賄賂《わいろ》を贈ったため、師直の態度が変わり、若狭助は師直を斬る気が失《う》せる。

「四段目」で判官が切腹したあと、由良助たちは城を明け渡すことになるが、判官の重臣・斧《おの》九太夫は塩冶家の御用金を自分に有利に分配するよう主張する。

勘平は主人の判官の近くにいて、事件を防がなければいけない立場だった。ところが恋人のお軽と逢引《あいび》きしていて、事件を防げなかった。それを恥じて、お軽とともに駆落ちし、お軽の実家に身を寄せているが、仇《あだ》討ちの資金を調達して仇討ちの一味に加えてもらおうと思っている。勘平の心を知っているお軽は祇園《ぎおん》に身を売るが、お軽の父親の与市兵衛はその金を持って帰る途中、斧九太夫の息子で山賊に零落《おちぶ》れた斧定九郎に殺される。勘平は「五段目」で猪と間違えて撃った人物から金を盗み、「六段目」でその相手を義父の与市兵衛だったと勘違いし、腹を切る。つまり、勘平は金のために死ぬ。

由良助は「七段目」でお軽の兄・平右衛門の扶持《ふち》（給料）を話題にし、「九段目」で本蔵の奥方・戸無瀬は大星家と加古川家の知行（領地およびそこで獲《と》れる米の量）を口にする。

つまり、『忠臣蔵』は、仇討ちを旗印にしながら、実は「色と金」を描いたのである。

少し時代は下がるが、宝暦十三（一七六三）年刊、風来山人（平賀源内）の『根無草』に「金が敵の世の中」という表現が出てくる。

前述したように、『忠臣蔵』が初演されたのは寛延期だが、その時期には「金が敵の世の中」になっていたのである。

第一章　江戸経済の流れ

江戸時代の経済の基本は米で、同時に貨幣による商取引も行われていた。米本位制だったのだが、次第に貨幣経済の色合いが濃くなっていったのである。

江戸時代は武士の統領である徳川家が百姓（農村に住む農民など）と町人（都会に住む職人・商人）を支配した。財政面から見ると、徳川幕府・各藩は当時の人口の八十数パーセントを占めた百姓が納入する年貢で財政のほとんどを賄っていたのである。

百姓は毎年、決められた量の年貢を納める。幕府・各藩は納められた年貢のうち、徳川家または藩主の家で消費する分と家臣に禄《ろく》（給料）として与える分を取り置き、ほかは換金して武器の購入や幕府・藩の運営費用などに充てた。

家臣の武士は、徳川家または藩主から禄として与えられた米を自家消費する分と生活費に充てる分に分け、生活費に充てる分の米は売って換金した。そういう中で、資本力のある商人も次第に台頭してきたのである。

つまり、江戸時代の経済は古い殻も身に纏《まと》っていたが、中身は次第に資本主義化しつつあった。資本主義経済が芽生えた時期ともいえよう。

江戸時代の経済は結局、人口の大部分を占めた百姓が左右した。年貢の配分率（年貢率）が軽く百姓が潤った時期は経済が発展し、天災などで百姓の生活が大変だった時期は幕府・各藩の財政も武士の生活も大変だったのである。

初期の年貢率は非常に高く、百姓は剰余分を換金して生活用品を買う余裕はなかった。しかし、次第に年貢率が下がったことで、剰余分を換金して衣料などの生活用品を買えるようになった。消費する余裕ができたのである。

百姓の購買力・消費力が増すと、物を生産する職人も、物を売る商人も潤う。物の売買は貨幣によった。次第に貨幣中心の経済に移行していったが、貨幣経済の進展は支配者である武家の地位の下落を招く。

消費の増大によって物価は値上がりするが、すべて同じ率で値上がりするわけではなく、一般的な物より、米価の値上がり率のほうが低かった。米の値上がり率が低いということは、徳川家・各藩の財政の逼迫《ひっぱく》と武家の困窮を意味する。

徳川幕府は一般的な物の価格を抑えようと、三回に亙《わた》って大きな改革を行った。享保の改革・寛政の改革・天保の改革だが、ことごとく失敗し、幕府は次第に弱体化していく。

一、江戸時代初期の経済

1、百姓と年貢率

「百姓」はもともと漢語で、原意は「百の姓」すなわち「万民」である。江戸時代はほとんどが農村だったため、「農村に住む人々」という意味で使われた。農村は農民が多数を占めたため、さらに転じて、「農作物を生産する人々」という意味にもなったのである。

産業の分化が進んでいなかった江戸時代、百姓は一次産業の農業・林業・漁業を営んだだけでなく、二次産業である農産物の加工も、三次産業の販売も行った。米・野菜などの農作物を作り、米を加工して酒を造り、大豆を加工して味噌《みそ》・醬油《しょうゆ》を製造したのである。また木綿の原料を作る綿花栽培、絹の原料の繭《まゆ》を作る養蚕、油の原料を作る菜の花栽培、お茶の栽培と製茶なども行った。つまり、江戸時代の産業は農業と農産物の加工・販売が中心だったのである。

前述したように、徳川幕府・各藩の財政のほとんどは百姓が納入する年貢で賄われた。したがって、江戸時代の経済を考える時はまず、年貢率を見る必要がある。

年貢率は当然、時期によっても違ったし、藩によっても違った。

江戸時代初期はまだ世情が不安定で、内戦の再発も考えられた。一揆《いっき》も頻発した。支配体制を固めるのに金がかかったため、徳川家は「七公三民」というべらぼうに高い年貢率を設定した。百姓からすれば、七割は武士に持っていかれ、手元に三割しか残らなかった、ということである。家康は「百姓が死なぬよう生きぬよう、ぎりぎりいっぱい年貢を取れ」と言ったとされる。

しかし、慶長十九（一六一四）年の大坂冬の陣、慶長二十年の大坂夏の陣で豊臣家を滅亡させ、寛永十四（一六三七）年から寛永十五年にかけての島原の乱も鎮圧し、徳川家は盤石の支配体制を整える。

慶安四（一六五一）年、徳川家綱が四代将軍に就任するが、以降、年貢率は下がり始め、寛文年間（一六六一～七三年）には「三公七民」くらいになった。権力基盤が安定したため、高い年貢率でなくともやっていけると判断したのだろう（家綱は延宝八〈一六八〇〉年まで在位）。

少しあとの正徳二（一七一二）年の年貢率は「二ツ八分九厘」すなわち「二割八分九厘」で、三公七民よりもさらに下がった。つまり、開府から六十年ほど経《た》った十七世紀後半では年貢率が逆転したのである。

年貢率が下がり、剰余分が残るようになったことで、百姓（農民）の生産意欲は高まった。また開拓によって耕地面積も増加し、技術の進歩で生産性も向上した。

こうして、百姓の経済力は急速に高まり、必然的に消費が増加した。そのため、商人・職人は潤って大商人も生まれ、歌舞伎《かぶき》や浮世絵など庶民文化の花が咲いたのである。

2、大流行した衣裳《いしょう》比べ

商人の隆盛を伝える逸話にこんなものがある。

天和《てんな》元（一六八一）年五月二十八日、江戸町奉行所は、浅草黒船町（または日本橋小舟町）の豪商・石川六兵衛夫妻の全財産を没収したうえ、江戸十里四方から追放した。全財産の没収を「闕所《けつしょ》」、居住地からの追放を「所払い」という。

前年の延宝八（一六八〇）年、五代将軍になった徳川綱吉《つなよし》は、前将軍・家綱の一周忌に当たる翌天和元年五月八日、上野の寛永寺へ参詣《さんけい》した。

上野広小路のある町家の前へ差しかかると、芳《かぐわ》しい香が漂ってきた。駕籠《かご》から外を見ると、敷きつめた緋毛氈《ひもうせん》（赤いフェルト）の上に金屏風《びょうぶ》が立てられ、その前に豪華な衣裳を纏った女が立っていた。そして、六人の小間使いの女が伽羅《きゃら》（香）を焚《た》き、二人の女がそれを黄金の扇子で煽《あお》いでいたという。

綱吉は「身分を弁《わきま》えず、不埒《ふらち》千万」と激怒し、御徒頭《おかちがしら》に調べさせると、その女は石川六兵衛の女房で、借りた町家に緋毛氈を敷き、金屏風を立て、伽羅を焚き、将軍の一行を待ち構えていた、とわかった。つまり、将軍に「伊達《だて》比べ」を仕掛けたのである。

元禄時代の小袖　師宣『婦女図(見返り美人図)』
東京国立博物館蔵
Image:TNM Image Archives

伊達比べは「衣裳比べ」をいう。明暦三（一六五七）年の「振袖《ふりそで》火事」以降、江戸にも大商人が出現し、その妻女たちによる衣裳比べが大流行した。

町奉行所は即刻、六兵衛夫婦を呼び出し、牢《ろう》へ収監して取り調べたのち、冒頭に書いた処分を下したのである。

この話には前がある。

天和の前の年号、延宝（一六七三〜八一年）の頃、石川の女房は江戸には衣裳比べで自分に勝る女はいないと考え、文化の先進地である京へ上った。

「京の着倒れ」といわれるように、伝統ある都市に暮らす人々にとって、着飾ることは古くからの慣わしであった。受けて立ったのは京の豪商・那波屋十右衛門（または難波屋十右衛門）の女房で、緋綸子《ひりんず》に京の名所を縫い取りした小袖を着た。一方、石川の女房は黒羽二重《はぶたえ》（絹布の一種）に南天の立木を染めつけた小袖を着た。

これを見た京の女たちは初め、那波屋の女房の勝ち、と思った。ところが、近くへ寄って石川の女房の衣裳を見ると、南天の実はすべて珊瑚《さんご》の珠《たま》。びっくり仰天し、勝敗はひっくり返った。

石川の女房に関する二つの話は当時の大ニュースだったようで、徳川家の正史『徳川実紀』

のほか、随筆『御当代記』『江戸真砂六十帖《まさごちよう》』『我衣』など諸書に出てくる。

伊達女としてはこのほか、絵師・工芸家の尾形光琳《おがたこうりん》のパトロンとして知られる銀座商人（銀貨の鋳造業者）・中村内蔵助《くらのすけ》の女房も有名だった。

中村の女房は京の東山で行われた伊達比べで、自分は白無垢《しろむく》の小袖に黒羽二重の打掛を着ながら、従えた侍女たちに華やかな着物を着させて、ほかの女を圧倒したという。その衣裳はもちろん、光琳が選んだ。

3、元禄の繁栄

延宝から元禄（一六七三〜一七〇四年）に至る時期を俗に元禄時代という。この時期は五代将軍綱吉の治世とほぼ重なるが、江戸時代で唯一の経済の「高度成長期」だった。

将軍に伊達比べを仕掛けて闕所・所払いになった石川の女房の事件は天和元（一六八一）年に起きた。徳川幕府が成立した慶長八（一六〇三）年から七十八年後の出来事である。

元禄時代を代表する浮世草子の作者（現代の小説家）・井原西鶴（一六四二〜九三年）の出世作『好色一代男』は翌天和二（一六八二）年に刊行された。庶民を読者対象とする小説類の刊行はここから始まったのである。

元禄時代の小袖　尾形光琳筆『白綾地秋草模様描絵小袖（冬木小袖）』　東京国立博物館蔵
Image：TNM Image Archives

　経済力・購買力が高まると必然的に高級品が欲しくなる。天和三（一六八三）年二月、庶民の着る物が派手になったため、幕府は長崎奉行に通達して羅紗《らしゃ》・猩々緋《しょうじょうひ》・金糸などの奢侈品《しゃし》（贅沢品《ぜいたく》）の輸入を禁止した。また、江戸で婦女衣服令を出し、金紗《きんしゃ》・縫物・総鹿子《かのこ》の使用を禁止した。

　羅紗は羊の毛で編んだ地の厚い毛織物、猩々緋は深い紅色で染めた毛織物、金糸は絹糸の芯《しん》に金の切箔《きりはく》を縒《よ》りつけたもの、金紗は金糸で模様を織り出した薄くて軽い織物、縫物は刺繍《ししゅう》、総鹿子は全面に鹿子模様がある布をいう。

「鎖国していた江戸時代は物の輸出入がなかった」と勘違いしている人もいるが、人の出入りはほぼなかったものの、物の輸出入はあった。次項で詳しく述べるように、徳川幕府の成立から七十〜百年経った元禄時代までは絹製品および白糸（生糸）が大量に輸入され、多くの金・銀・銅が海外へ流失していったのである。

つまり、二百数十年に亙る江戸時代の中で、元禄時代は衣類がもっとも華やかな時期だった。井原西鶴作、貞享五（一六八八）年刊の浮世草子『日本永代蔵』巻一に「昔と違って服装が贅沢になり、万事その分際より華麗を好むようになった。ことに妻子の着物が豪華で、身の程知らずで恐ろしい。貴族・武家など貴人の御衣も京都で織る羽二重（絹織物）のほかはない。ことに武家の礼服は黒羽二重の五つ紋に決まっていて、大名より下々まで、似合わぬということがない。ところが、近頃、小賢《こざか》しい都の人が工夫して、男女の衣類にさまざまな美を尽すようになった」（現代語訳）と出てくる。

今、着物といわれている衣服が完成したのもこの時期で、当時は小袖といった。小袖は袖の開きが小さい着物という意味である。対する語が大袖で、袖口の大きく開いた着物を意味した。

現代の着物の模様は生地を染めるが、元禄以前の小袖は無地で模様がなかった。そのため、豪華さを表すには縫箔（刺繡）・摺箔《すりはく》・辻《つじ》が花などの絞染め（括《くくり》染め）によっていた。縫箔は金糸などで刺繡したものをいう。摺箔は、模様を透かし彫りした型紙を布地の上に当て、糊を付け、その上に金銀などを薄く延ばした箔を載せ塗りつぶして出す模様をいう。絞染めは布を括ることで部分的に染め残しを作って模様を出す染め方をいう。辻が花は括染めの一種で、藍《あい》・紅などの色で花の模様などを染め出した。

つまり、石川の女房の事件はこの時期の世相を象徴する出来事だったのである。

二、木綿と絹に見る交易と生産

1、中世までの木綿

関連して、衣類の素材である木綿と絹の生産について述べる。話は多少前後する。

中世までの着物の生地は大概、苧麻《ちょま》と絹だった。

苧麻は苧《からむし》と麻（大麻）をいう（単に苧または麻をいうこともある）。貴族・上級武士は主に絹、庶民は苧麻を着ていた。

ところが、安土桃山時代から江戸時代初期にかけて、綿花の栽培が爆発的に進み、庶民も木綿を着るようになった。

日本人が織物としての木綿の存在を知ったのは鎌倉時代（十三世紀初頭）と考えられる。この頃、中国（当時は「宋《そう》」）から製品が輸入されたのである。

木綿の原料である綿花の種が日本に入ったのは応仁の乱の前後、明《みん》時代の中国から入ったと見られる。応仁の乱は足利幕府八代将軍・義政の後継者を争った内戦をいい、応仁元（一四六七）年から文明九（一四七七）年まで、十年間に亙って戦われた。

天文年間（一五三二〜五五年）または文禄年間（一五九二〜九六年）にポルトガル人が綿花の種を伝えたという説もあったが、その頃には綿花の栽培・生産は拡《ひろ》がっていたから、応仁の乱の前後に入ったと考えるのが正しいのだろう。

初期の栽培・生産地は、五畿内《きない》（大和《やまと》・山城・河内《かわち》・摂津・和泉《いずみ》）、東海（伊勢・三河）など、温暖な地域だった。

前述したように、苧麻・絹は戦国時代以前から存在した。絹についていえば、蚕は病気になり易く、飼育には細心の注意が必要である。また、養蚕は大勢の労働力が必要である。桑の葉は春から秋にかけて生育するが、ほかの農作業の繁忙期と桑の葉を摘む時期、上蔟《じょうぞく》（繭を作る場所の蔟《まぶし》に成熟し透き通ってきた蚕を移すこと）の時期が重なる。そのため、養蚕は労働力を確保できる資金力を持っている者でなければできない。そういう理由で、絹の生産者は少なかった。

一方、綿花の栽培は、良い種を選択し、購入した干鰯《ほしか》などの肥料を与え、十分な灌水《かんすい》を行わなければならないものの、収穫した綿から種を除去し、綿打・括綿を行い、木綿糸を作ることは容易である。

また苧麻と比べて、木綿は保温性に優れ、肌触りも良く、丈夫である。

2、江戸時代の木綿の生産

江戸時代初期、木綿の生産地は急速に拡がった。ただし、寒冷地で綿花を栽培することは難しかったから、生産地は温暖な地に限られた。

元禄十(一六九七)年刊『農業全書』に「河内・和泉・摂津・播磨《はりま》・備後《びんご》、凡《およそ》土地肥饒《ひじょう》なる所、是《これ》をうへて甚《はなは》だ利潤あり。故に五穀をさしをきても是を多く作る所あり」と出てくる。

時期は前後するが、寛永五(一六二八)年の定書《さだめがき》に「百姓分之者ハ布(苧麻)・木綿たるべし」とあり、寛永十九(一六四二)年に幕府が出した覚書《おぼえがき》に「庄屋は絹・紬《つむぎ》・布・木綿を着すべし。わき百姓は布・もめんたるべし」と出てくる。つまり、木綿は江戸時代のごく初期に庶民の着物の素材になった。

正徳二年(一七一二)に成立した百科事典『和漢三才図会』は各地の木綿の品質について、

綿花栽培と機織　(上)三代広重『大日本物産図会・河内国木綿ヲ摘採ル図』(下)三代広重『大日本物産図会・河内木綿織機之図』　山口県立萩美術館・浦上記念館蔵

「伊勢松坂を上とし、河内・摂津がこれに次ぎ、三河・尾張《おわり》・紀伊《きい》・和泉を中とし、播磨・淡路を下とする」（現代語訳）と書いている。

木綿の生産地としてとくに有名だったのは伊勢・松坂（三重県松阪市）である。大伝馬町の木綿問屋街「木綿店《だな》」に伊勢商人が多かったことはよく知られる。大伝馬町はもともと伝馬役（宿継の馬を扱う国役）が住んだ町で、使役の代償として木綿の売買が許された。初めは伊勢の出身者はいなかったが、寛永（一六二四〜四四年）頃から、木綿の確保が容易だった伊勢商人が進出し、次第に多数を占めるようになる。「伊勢屋稲荷に犬の糞《くそ》」という俚言《りげん》があるが、江戸に伊勢商人が多くなった所以《ゆえん》である。

こうして木綿は苧麻に換って着物の素材になっていく。染めていない白木綿は武士・庶民に共通する肌着として使われ、染めた縞木綿は庶民の上着として使われた。ただ、農民の場合、新しい木綿織物を買えるのは地主層に限られた。下層の農民は都市の貧民と同様、古着を買った。

3、江戸時代の絹の生産

①　中世までの絹

日本の絹の歴史は大変古く、弥生時代には伝わったようだ。大陸（中国・朝鮮）からの渡来人が養蚕・製糸の技術を伝えたと見られる。

ただ、のちのように、繭から製糸するのではなく、湯につけた繭を切り裂いて四方に引き伸ばし、綿（絹綿）を作って、中入綿（身綿）として使った。貴族・位の高い武士の着ていた絹織物は、江戸時代初期まで、中国・朝鮮から輸入していた（後述）。

木綿の項に書いたように、蚕は病気になり易く育てるには細心の注意が必要である。また養蚕の時期とほかの農作業の繁忙期が重なるため、大勢の労働力が要る。そのため、国産の絹の生産量は少なかった。

絹の着物を愛用した豊臣秀吉は、外国貿易を行う者に朱印状（証明書）を与え、貿易を保護・奨励した。朱印船貿易の主要な輸入品は生糸・絹織物だった。

天文十二（一五四三）年、一隻のポルトガル船が現代の鹿児島県の種子島に漂着する。以降、ポルトガルとの貿易も始まった。ポルトガル人などを南蛮人、西洋人との交易を南蛮貿易といったが、南蛮貿易の主要輸入品も生糸・絹織物だった。

つまり、朱印船貿易でも南蛮貿易でも生糸と絹織物が主要輸入品だった。

② 生糸・絹織物の大量輸入

秀吉のあと権力を把握した徳川家康も積極的に貿易を推進し、明（中国）の船は長崎など、南蛮（ヨーロッパ・東南アジア）船は平戸などに入っていた。

ところが、キリスト教との関係や外国船同士または日本の大名（あるいは朱印船）と南蛮船のトラブルなどによって鎖国体制に移行していき、寛永十六（一六三九）年にポルトガル船の入港が禁止されたことで、鎖国体制はほぼ完成した。こうして南蛮貿易ではオランダが唯一の通商国となり、港は平戸から長崎に移された。

しかし、オランダ船を通して中国・朝鮮から大量の絹を買っていたし、琉球《りゅうきゅう》（沖縄県）・対馬を通して中国・朝鮮から大量の絹を買っていた。

前述したように、十七世紀後半になると、金持ちの庶民も現れ、武士・貴族だけでなく、金持ちの庶民も絹製品を着るようになった。絹の需要がさらに高まったのである。

開府から一世紀近くなって、幕府もやっと金銀銅流出の危険性に気づき、前項（三〇頁）で述べたように、天和三（一六八三）年二月、羅紗・猩々緋・金糸などの奢侈品（贅沢品）の輸入を禁止した。また貞享二（一六八五）年、中国との年間貿易額を銀六千貫まで、オランダ人との年間貿易額を五万両までと定めた。さらに元禄十一（一六九八）年、一定額以上の中国生糸

オランダ商館があった長崎の出島　『寛文長崎図屛風』(部分)　長崎歴史文化博物館蔵

の輸入を禁止した。

　だが、密貿易もあって、中国産の絹の輸入量はあまり減少しなかったようだ。

　享保元（一七一六）年頃に成立したと見られる新井白石の『折たく柴の記』に「慶安元（一六四八）年から宝永五（一七〇八）年までの約六十年間に、金二百三十九万七千六百両、銀三十七万四千二百二十九貫目が外国へ流出した」「慶長以来、百七年の間にわが国で造った金の四分の一、銀の四分の三が失われた」（現代語訳）とある。

　安土桃山時代の数字は不明で、江戸時代に入ってからも慶安元年の前は不明だから、通算すると、天文学的な量の金銀が流失したことになる。

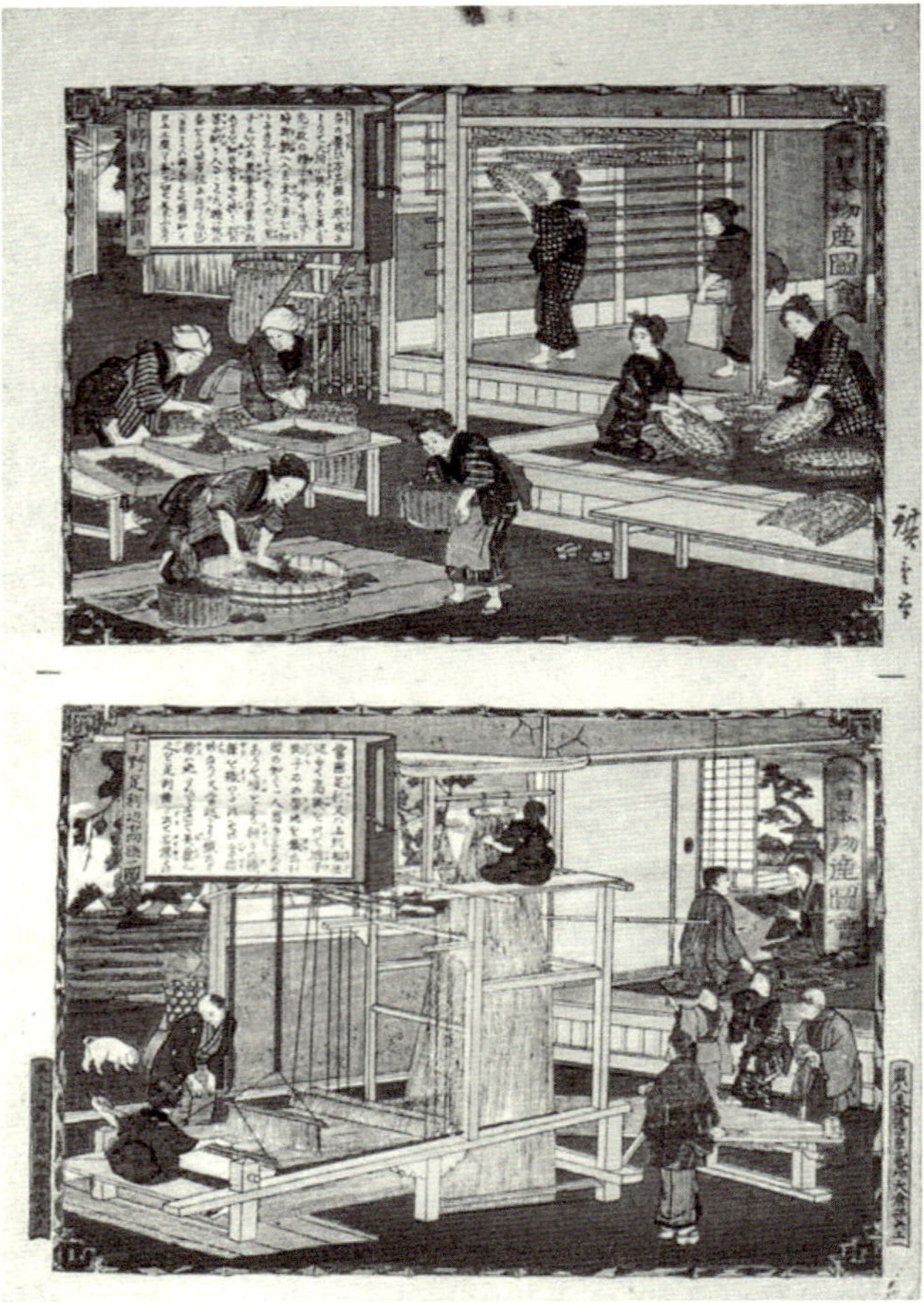

養蚕　(上)三代広重『大日本物産図会・下野国養蚕図三』 (下)三代広重『大日本物産図会・下野足利高機之図』 山口県立萩美術館・浦上記念館蔵

③　国産生糸（和糸）の増産

絹が製品になるまでにはいくつかの過程がある。

最初は繭作り（養蚕）。蚕は蛹《さなぎ》になる前、糸を吐き、自分の周りに袋状の物を作る。それが繭である。蚕は繭を作るまでに大量の桑の葉を食べる。蚕に桑の葉を与えて繭を作らせることを養蚕という。

次に糸繰《く》り（製糸）。繭を湯の中へ入れて解《ほぐ》し、糸を引いて絹糸を生産することを糸繰りまたは製糸という。

糸繰りして束ねた白い糸を生糸という。その生糸を織って、色を染める。染色で絹織物としては完成したわけで、そのような織物を反物という。反は織物などの単位で、織物では長さ二丈六尺～二丈八尺、幅一尺ほどの大きさをいう。

絹織物には羽二重・縮緬《ちりめん》・透綾《すきあや》・綸子《りんず》・絽《ろ》・紬などの種類がある。現代の着物のことを江戸時代は小袖といったが、小袖は反物を縫って仕立てる。

前述したように、享保期（十八世紀前半）くらいまで、日本は大量に生糸・絹織物を輸入し、そのため大量の金銀が流失した。金銀の流失を防ぐためには国産生糸・絹織物の生産量を増やさなければならない。

幕府・各藩主は質の良い繭を作る環境を整える必要があったが、何もしなかったどころか養蚕を妨害した。蚕に食べさせる桑の葉を生産するためには、田畑に桑の木を植えなければいけないが、田圃《たんぼ》を桑畑に転換すると、米が減産になる恐れがある。幕府・各藩の財政の柱は米で、武士の給料も米だったから、米の減産は武士の首を絞めるのと同じである。そのため、幕府・各藩は田圃から桑畑への転換を厳しく規制した。

しかし、輸入制限で、生糸・絹織物の輸入が減少したことで、国産生糸・絹織物の需要が増加し、農民は繭を作ればたくさんの金が得られることを知った。そのため、農民は、幕府・藩の嫌う水田から桑畑への転換ではなく、米作りに適さない山間の傾斜地を開墾して、新しく桑畑を造ることにした。

水田を造るには、水路を造り、田へ水を引かなければならない。山間の傾斜地に水田を造るのは大変だが、逆に、傾斜地は水はけが良いので桑の栽培に適している。

また、たびたび洪水になる河川敷・堤防の端・川の近くの土地は肥沃《ひよく》で桑の栽培に適している。河川敷や川の近くの畑にも桑の木を植えた。

時代はだいぶ下るが、農業技術などについて書いた安政六（一八五九）年刊『広益国産考』

は「山の裾《すそ》坏《など》に桑を植うべき位の畾地《らい》（空地）は有るものなり。又打開きたる村落には川堤等多く有るものなり。かやうの地は堤の両脇《りようわき》に植えぬれば、成長もよく」と傾斜地や川の近くへ桑の木を植えることを推奨している。

京（西陣）は中世から絹織物の産地だった。中世の絹織物の原料は中国・朝鮮から輸入した生糸だったが、十七世紀後半になると、国産生糸（和糸）の生産が増え、地方から京に生糸が送られてくるようになった（「登《のぼ》せ糸」といった）。京の機屋も、輸入生糸だけでなく、和糸も使うようになったのである。

寛永年間（一六二四〜四四年）の和糸は美濃《みの》（岐阜県）・近江《おうみ》（滋賀県）など近い所から京に運ばれたが、明暦年間（一六五五〜五八年）になると遠い所からも来るようになったのである。

もちろん、桑畑も無税地ではない。米に換算されて課税された。農民が新しく桑畑を造って繭を生産することは幕府・藩にとっても利益になることがわかり、幕府・藩は養蚕を推奨するようになる。正徳三（一七一三）年、幕府は京の織物屋に和糸も使うように命じている。逆にいうと、この頃はまだ、中国・朝鮮産の生糸・絹織物が大量輸入されていたのである。

享保年間（一七二〇年代）になると、地方にも機織業が興ってくる。

慶長・元和（十七世紀初め）の頃から正徳・享保（十八世紀初め）までは約百年だが、その間に

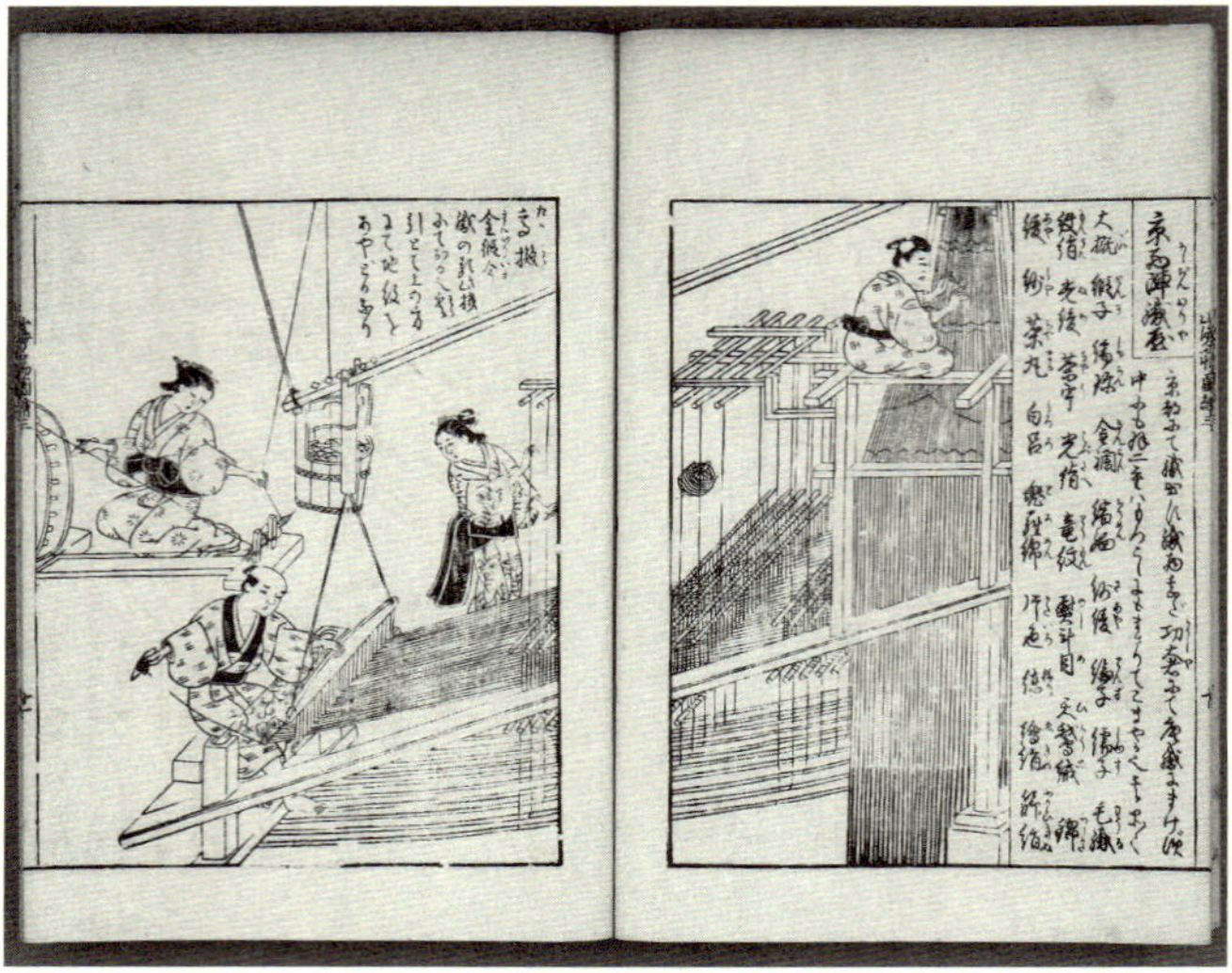

西陣の機織　『日本山海名物図会・京西陣織屋』

国産生糸の生産量は倍になったという。また享保から文化（十九世紀初め）までも約百年だが、その間の生産量も倍になったという。つまり、江戸時代初期から文化期までの二百年間に生糸の生産量は約四倍になった（『蚕飼絹飾《こがいきぬふるい》大成』に拠《よ》る）。

こうして、京だけでなく、全国各地に絹織物の産地が生まれた。特徴は東日本に多いことで、大消費地の江戸に近かったこと、繭の生産に適する山間の傾斜地が多かったことが関係しているだろう。その例に上州（群馬県）・秩父《ちちぶ》（埼玉県）・郡内（山梨県）・福島などがある。加賀（石川県）・丹後（京都府）

など日本海側にも産地があった。

そして、生糸・絹織物は明治の日本の貴重な輸出品となっていくのである。

三、享保の改革

話を経済全体の流れに戻す。

いわゆる元禄時代、江戸時代の経済は最初のピークを迎えた（既述）。宝永元（一七〇四）年、綱吉は後継者に甥《おい》（兄の子）の綱豊《つなとよ》（のち家宣《いえのぶ》と改名）を指名、宝永六（一七〇九）年に歿する。六代将軍・家宣はすぐに歿し、七代将軍・家継《いえつぐ》も幼くして亡くなり、享保元（一七一六）年、紀伊徳川家出身の吉宗が八代将軍に就く。

商取引が活発化したことで、元禄期に諸物価は上がった。物価が上がってもそれ以上に収入が増加すれば問題はないのだが、享保期に入ると、武士の収入源である米価は逆に下落したのである。これを「米価安の諸式高」という。そのため、幕府の税収も武士の給料も実質的に下がってしまった。こうして、幕府は財政危機に陥る。

吉宗は早速、享保の改革に取りかかる。享保の改革のメインテーマは幕府の財政を再建し、米価を上げて武士の不満を解消することである。

武士の収入を増やす方策は四つある。一つは、米の価格を上げること。二つは、年貢の徴収比率を高めること。三つは、米などの農作物の栽培面積を増やすこと。四つは、農民の生産力を高めること。

ただし、年貢の徴収比率を上げると、百姓が一揆を起こしたり、田畑を捨てて逃げてしまう恐れがある。それでは却《かえ》って年貢高は伸びない。

本当はもう一つ、商工業を発展させて、税収を増やす方策もあるのだが、商工業の発展は支配の根幹である身分制度の崩壊に繋《つな》がる恐れがある。そのため、のちに記述する田沼意次《おきつぐ》など少数派を除いて、この道を推進する者はいなかった。

吉宗が享保の改革で行ったことは三つある。一つは、物価の引き下げ。二つは、年貢の徴収方法を変えて、比率を高めたこと。三つは、新しい田畑を造ったこと。

物価を引き下げ、米価を上げれば、幕府および武士の収入が増える計算になる。吉宗は、しばしば倹約令を出し、自ら一汁三菜（一杯の汁におかず三品）と決め、木綿を着て範をたれ、物価の引き下げを図った。吉宗はまた「米将軍」といわれたように、熱心に米価の調整に取り組んだが、計算通り、米価だけ上がることはなかった。

年貢はそれまで、検見取法《けみとりほう》という方法で徴収されていた。検見取法は、幕府の役人が収穫前にその年の米の豊凶を見て、出来高を査定し、年貢量を決める方法をいう。この検見取法は、過不足なく徴収できたものの、査定に時間がかかるため、稲の刈入れができず裏作に支障をきたす田圃もあった。

幕府はその徴収法から、面積に比例して一定量の年貢を徴収する定免法《じょうめんほう》に切替えた。その年の出来高に関係なく、毎年、同じ年貢率で徴収することにしたのである。

定免法は農民にとって良くも悪くもある。経営努力によって増収になるものの、凶作の年は手取りがゼロということもありうる。

しかし、吉宗は農民にも利益のある方法だからという理屈で強引に年貢率を五公五民に引き上げた。つまり、凶作の時も農民は一定量の米を持っていかれたのである。

勘定奉行・神尾若狭守春央《かんおわかさのかみはるひで》は「百姓と胡麻《ごま》の油は絞れば絞るほど出るものなり」と言ったと伝えられる。元禄期と比較すると享保期の年貢率は大幅に引き上げられたわけで、そのため、一揆が頻発し、百姓の逃散《ちょうさん》は進んだ。

年貢率はその後も変化したが、平均すると「四公六民」くらいだったとされる。つまり、四割が年貢として幕府に持っていかれ、六割が百姓の手元に残った。

百姓は、残った六割のうち、自家消費する分だけ残し、ほかは換金して生活費に充てることになっていたが、農民の大多数は残ったすべての米を換金し、雑穀などを食べていた。生活していくのに金が要ったため、米を作った百姓は米を食べられなかったのである。

四、江戸と大坂

話は多少前後するが、ここでどこが江戸時代の経済の中心地だったのか、ということについて述べたい。

享保期（十八世紀前半）まで、大坂を中心とする上方が経済の中心地だった。

戦国時代末期の天正十八（一五九〇）年、徳川家康は豊臣秀吉から関八州（関東の八カ国）をもらって江戸城に入った。その時、江戸の民家は百戸ほどだったとされる。

そして慶長八（一六〇三）年に幕府を開いたが、それから百年余りあと、江戸の人口は百万人を超えた。武士人口が五十万人、町人が五十万人余とされる。つまり、江戸の人口は急速に膨張した。

しかし、江戸は武士が人口の半分を占める都市である。つまり、消費者ばかりで生産者はほとんどいなかった。周りも新しく開かれた土地で生産力が低かった。

一方、大坂は地の利が良く、全国から人間が生きていくうえで必要不可欠な物資が集まった。北前船で東北西部、北陸、山陰の物資が大坂に運ばれた。北九州、山陽、北四国の物資も船で瀬戸内海を通って運ばれた。

「衣食住」という語がある。天保四（一八三三）年刊の木綿作り指導書『綿圃《めんぽ》要務』に「衣食住の三ツハ、鼎《かなえ》の足にひとしうして、一ツもかくべからざる、人生第一大切のもの也」とあるから、「人間が生きていくうえで必要な物」をいうのだろう。

江戸時代は一次産業とくに農業が中心で、人間が生きていくために必要最小限の物しか生産されなかった。

急激に人口が拡大した江戸の人々の生活必需品を賄うため、大坂に集まった生活物資が菱垣《ひがき》廻船《かいせん》や樽《たる》廻船で江戸へ運ばれた。つまり、大坂は江戸へ生活必需品を送る「天下の台所」だったのである。

上方は古くから開けたため、生産技術も高く、品質の良い物が生産された。前に木綿について書いたが、綿花の栽培・木綿の生産も上方が先進地で、酒（清酒）の生産も灘《なだ》などの上方が先進地だった。上方から下ってきた物が良い物で、下らない物は良くない物ということになって、「下らない物」という言葉が生まれた。

1、江戸時代のエネルギー

生活必需品のうち、江戸時代は何を燃料としたのか。

燃料は産業用と家庭用に大別できる。工業が発達していなかった江戸時代、燃料を必要としていたのは主に家庭である。

家庭で使う燃料には炊事用と照明用があるが、炊事用には主に樹木（薪《まき》・炭）、照明用には主に菜種から採った油を使った。

炊事用すなわち食事を作るための燃料は主に薪である（都会では炭も）。

照明用の燃料は室内用と外出用の燃料に分かれる。

室内用の照明用具に行灯《あんどん》がある。行灯は、木・竹・金属で四角または円形の枠を作り、その枠に紙を貼《は》って、枠の底に置いた皿に油を注ぎ、芯を燃やして、灯を点《とも》した。

行灯の変形に八間《はちけん》があった。天井の梁《はり》などに吊《つ》るして使う行灯で、大店《おおだな》など、人のたくさん集まる所で使った。八間といわれたのは明かりが八間くらい届いたためとされる。

行灯の燃料には、菜種油のほか、鰯《いわし》油・松ヤニなどを使った。鰯油は安価だが、強烈な臭《にお》いがする。松ヤニは煙が出るため、人口の密集している都会では使えない。蠟燭《ろうそく》もあったが、高価だったため、多くは菜種油を行灯の燃料にした。

夜外出する時の照明器具は提灯《ちょうちん》で、この燃料は蠟燭だが、照明用の燃料は主に菜種油で賄ったのである。

つまり、江戸時代の主な燃料は木材や菜種などの植物だった。バイオ燃料だったのである。バイオは生命体のこと。植物などの生物体をアルコールや合成ガスに変化させて使う燃料をバイオ燃料という。

なお、石油は新潟で少量取れただけ。石炭はほとんど使われなかった。

2、菜種油の生産

バイオ燃料のうち、木材は容易に調達できたが、油の生産は難しかった。江戸時代のもっとも重要なエネルギーは菜種油などの油だったといえるだろう。

菜種油は主に菜の花の種を絞って作った（綿花の種から生産された綿実油《めんじつゆ》などもあった）。

菜種油の「菜」は「アブラ菜」のこと、菜の花は「アブラ菜の花」の上略である。アブラ菜はもともと日本にはなく、中国から入った。菜は野菜の一種だからもちろん食べられるが、近

行燈　三代豊国＋豊久『江戸名所百人美女・千住』東京都立中央図書館蔵

代までアブラ菜は主に菜種油を採るため栽培された。

　菜の花は早春に咲き始め、梅雨の前になると花が枯れ、実が入った莢《さや》が膨らんでくる。それを刈り取って乾かし、実だけ取り出して、種を絞って油を採る。

　油を絞ったあとの油滓《あぶらかす》は良い肥料になった。菜の花栽培は稲作の裏作として最適だったから、そのため江戸時代は菜の花畑がたくさんあったのである。

　菜種油の原料である菜の花の栽培と菜種油の生産は幕末まで上方のほうが盛んだった。大坂近郊だけでなく、瀬戸内海一帯の菜種が大坂に集められ製品化された。

　与謝蕪村《よさぶそん》の有名な俳句「菜の花や月は東に日は西に」は上方の春の風景を詠んでいる。

それを反映して、大坂で作られた歌舞伎・人形浄瑠璃は油屋を舞台にしたものが多い。その代表は「お染久松物」である。お染久松物は宝永七（一七一〇）年正月六日に起きた油屋の娘・お染と丁稚《でっち》・久松が心中した事件を劇化した作品をいう。

最初のお染久松物は歌舞伎『心中鬼門角《きもんかど》』で、事件が起きた月に大坂・荻野八重桐座で上演された。つまり、典型的な一夜漬け＝際物《きわもの》である。

それを基にいくつかの歌祭文《うたさいもん》（歌謡の一種）が作られ、前記の歌舞伎や歌祭文を粉本として、同年二月頃、豊竹座で紀海音《きのかいおん》作の人形浄瑠璃『袂《たもと》の白しぼり』が上演された。

この二作が始まりで、お染久松物は次々に作られた。明和四（一七六七）年、大坂・北堀江座で上演された歌舞伎『染模様妹背《いもせ》門松』（菅専助作）、安永九（一七八〇）年、大坂・竹本座で上演された人形浄瑠璃『新版歌祭文』（近松半二作）、文化十（一八一三）年、江戸・森田座で上演された歌舞伎『お染久松色読販《うきなのよみうり》』（鶴屋南北作）などである。このうち、『新版歌祭文』と『お染久松色読販』は現代もたびたび上演される。

なお、『お染久松色読販』のお染は油屋という名前の質屋の娘という設定である。貨幣経済の進展を表して面白い。

享保六（一七二一）年、竹本座で初演された近松門左衛門作『女殺油地獄』（一四〇頁）は大

製油　『製油録』の挿絵　国立国会図書館蔵

坂の油屋の不良息子・与兵衛が高利貸から借りた金の返済に困って同業者の女房を殺す、という話である。

この作品は徳庵堤の場面から始まる。菜の花の季節と紅葉の季節に、現代の大東市にある野崎《のざき》観音（福聚山《ふくじゆさん》慈眼寺《じげんじ》）へ参詣することは当時の大坂庶民の恒例行事になっていた（それを「野崎参り」といった）。大坂から野崎へ、寝屋川を屋形船に乗って行ったが、徳庵堤は野崎近くの寝屋川の堤の名前である。

屋形船で行く野崎参りは近代まで続いたが、昭和十（一九三五）年に作られた流行歌、『野崎小唄《こうた》』は「野崎参りは屋形船でまいろ　どこを向いても菜の花ざかり」という歌詞で始まる。つまり、江戸時代から近代にかけて、野崎観音の辺りは菜の花畑がいっぱいで、春の風物詩になっていた。

ちなみに、現代は食用油と燃料用油では扱う店が異なるが、江戸時代の油屋は両方の油を扱った。菜種油は食用油にも照明器具の燃料にもなったのである。

3、地廻《じまわ》り経済

ここでもう一度、木綿の話に戻る。

木綿の生産は（前述したように）畿内が中心だった。関東でも天明・寛政の頃（十八世紀末）から野州（栃木）・常陸《ひたち》（茨城）・下総《しもうさ》（千葉県北部）などで本格的な木綿の生産が始まるものの、江戸で使う木綿の大部分は幕末まで上方から供給していた。

菜種油などの油も、幕府が生産を奨励したため、天明・寛政の頃から、関東でも生産するようになる。江戸の商店を紹介した文政七（一八二四）年刊『江戸買物独案内』には、十三軒の水油問屋、六十四軒の水油仲買業者が載っている。問屋は委託販売の業者、仲買は買い取って商売する業者をいうようだ。

油を搾《しぼ》る方法は人力で搾る方法と水車で搾る方法の二種類がある。上方は山が迫っている所が多く、水車が使えた。平野が広い関東は水車が使えなかった。そのため、関東の生産力は低かったのである。

天保の初期（一八三〇年代）、江戸では一年に十万樽ほどの油が消費されたとされる。そのうち、江戸の周辺で生産された油は二万〜三万樽で、残りは上方から来た油を使っていた。安政三（一八五六）年には生産量が増えて四万樽ほどになった。しかし、それでも残りは上方から来ていた。つまり、江戸では幕末まで上方の油を必要としたのである。

これまで、江戸周辺で生産された物という言い方をしてきたが、そのような物をのちに「地廻りの物」というようになった。

地廻りの物でいえば前に書いたように絹は関東でも生産が盛んだった。もう一つ有名なのは利根川水系の近くで生産された醤油である。

上野《こうずけ》（群馬県）を源とする利根川はもともと、秩父（埼玉県西部）を源とする荒川と武蔵《むさし》の北（埼玉県東部の越谷あたり）で合流し、また複雑に分岐して、江戸湾に注いでいた。そして、たびたび氾濫《はんらん》したのである。

江戸時代初期、利根川と荒川を切り離して、利根川の水を銚子《ちょうし》の近くから太平洋に捌《さば》く大工事が行われた。その時、新しい利根川と現代の江戸川を水門で繋いで、東北地方東部の物資を江戸に運んだ東廻りの船が房総半島を迂回《うかい》せず、利根川〜江戸川経由で江戸湾へ入ってこられるようにした。つまり、利根川水系の近くの地は江戸に物資を供給するのに絶好の地だったのである。

もう一つ、関東平野は醤油の原料である大豆と小麦の生産に適していた。

こうして、野田・銚子は醤油の生産地となった。

享保十一（一七二六）年の江戸の醤油消費量は十三万樽余りで、うち上方から十万樽余りを供給していたという。ところが、文政四（一八二一）年に江戸で消費した百二十五万樽のうち、百二十三万樽を地廻りで作っていた。つまり、江戸で使用する醤油の大部分は関東で生産できたのである。

享保十一年と文政四年では醤油の消費量に十倍近くの開きがある。これは享保期には醤油という調味料は普及していなかったことを表している。

そのほか、物によって違いはあるが、天明・寛政の頃（十八世紀末）になると、江戸で必要とされる物の多くは江戸の周辺で生産される物だけで足りるようになる。つまり、江戸は政治の中心であるだけでなく、経済の中心にもなったのである。

五、十八世紀後半の経済

1、田沼時代

話を十八世紀半ばに戻す。

長期に亙った享保の改革で、幕府の財政は改善されたものの、多くの百姓（農民）が都市（とくに江戸）へ出た。農業を捨てたのだが、江戸は人口の半数を武士が占めていたから、仕事はあって、貧乏人も何とか食べられたのである。

吉宗の歿後、権力を握ったのは九代将軍・家重の小姓あがりの田沼意次である。宝暦十（一七六〇）年、家重の子・家治が十代将軍になるが、意次は明和四（一七六七）年、家治の側用人《そばようにん》となり、安永元（一七七二）年に老中となるとともに昵近《じっきん》（側用人）も兼ねた。

田沼が老中になった安永元年以降を俗に田沼時代という。田沼は、①外国貿易の拡大、②商工業者の株仲間の公認、③印旛《いんば》沼などの干拓、④蝦夷《えぞち》地探検の推進などを行った。

中国にはそれまで主として銅を輸出していたが、意次は蝦夷地の俵物（鱶鰭《ふかひれ》・干鮑《ほしあわび》・煎海鼠《いりこ》）

などの輸出を奨励して、その対価として銀を得た。

意次はまた、賤《いや》しい職業とされてきた流通業・商業を振興して、幕府の財政を豊かにすることを考えた。吉宗の時代に大岡越前守が株仲間（同業組合）を結成させたが、意次はその加入者に特権を与え、冥加金《みょうが》・運上金という名の租税を徴収したのである。

つまり、意次は年貢が頭打ちになっている現実を直視し、二次産業・三次産業を育成して、税の増収を図ったといえよう。そのため田沼の政策は重商主義といわれる。

意次の経済政策で税収は増えたものの、寡占化によって物価が高騰し、新規の業者の参入が阻害されたことで経済の停滞という副作用もあった。また、賄賂《わいろ》が横行、諸物価の高騰と米価の低落という乖離《かいり》現象も起きた。

加えて、享保の改革以降の農村の荒廃と天候不順による凶作で、全国的な大飢饉《ききん》に陥る（「天明の大飢饉」という）。

安永六（一七七七）年から八年にかけて、伊豆大島の三原山が大爆発する。これが天明七（一七八七）年まで十年も続いた天変地異の序幕であった。

天明三（一七八三）年、浅間山大噴火。四月・五月・六月と連続噴火が続き、七月の噴火で火砕流が流出、住民の多数がのまれて死亡。火山灰が利根川などの川に流れ込んで、川を堰《せ》き止め、それが決壊したため、全体で二万人を上回る死者を出した。

また、噴煙と降灰により太陽が遮られ、天候不順になったため、農作物が不作で、仙台藩で三十万人、南部藩で六万人余り、八戸藩で三万人余りが亡くなった。

天明四（一七八四）年、意次の子で若年寄だった田沼意知が江戸城中で旗本に殺害される事件が起きると意次の求心力は急速に弱まり、天明六（一七八六）年、十代将軍家治の逝去を機に意次は老中を罷免される（意次の罷免は家治の死亡の前ということになっているが、家治の死亡はしばらく伏せられていた）。

2、寛政の改革

翌天明七（一七八七）年四月、家斉《いえなり》が十一代将軍に就任すると、吉宗の孫で、御三卿《ごさんきょう》の一つ田安《たやす》家出身（のち陸奥《むつ》白河藩主）の松平定信は家斉に近づき、同年六月、老中首座（翌年、将軍補佐）になる。

意次の罷免（家治の死亡）は天明六年八月、定信の老中就任は天明七年六月で、その間は十カ月ほどある。意次派と定信派の綱引きが続いていたのだが、天明七年五月に起きた江戸での打ち壊しが決め手となって定信は老中に就任したのである。

定信は早速、寛政の改革といわれる改革に取りかかる。定信が改革の手本としたのは祖父・吉宗の享保の改革である。

定信が寛政の改革で行ったのは、①農村の復興、②厳しい倹約令、③旗本・御家人の救済、④文化・思想統制など。

農村の復興では、享保の改革以後、農村は荒廃し、年貢の徴収量が減少していた。定信は農村復興のため、旧里帰農令を出し、旅費だけでなく、農具代や食費を支給し、都会に出ていた農村出身者を農村に戻そうとした。天明八（一七八八）年に出された帰農令が最初のようで（『御触書天保集成』などに拠る）、以後、帰農令は三回ほど出されている。つまり、田沼の重商主義から重農主義に回帰したのである。

倹約令では、奢侈を煽っているという理由で何人もの歌舞伎役者が処分された。

旗本・御家人の救済については、札差《ふださし》に対して、寛政元（一七八九）年、天明四（一七八四）年以前の古い借金を破棄し、天明五年以降の借金の低利・年賦返済を命じる「札差棄捐《きえん》令」を出した。札差は幕府が旗本・御家人に支給する米の取り扱い業者で、同時に旗本などに金を貸す金融業者でもあった。これについてはのちに詳しく述べる。

六、化政（文化・文政）期以降の経済

1、大御所時代

最初に述べたように、江戸時代の経済は米本位経済と貨幣経済の並立制だったが、いわゆる元禄時代（十七世紀末）には貨幣経済の様相が強くなっていた。

松平定信による寛政の改革は、家康が生きていた時代の農業中心の経済に戻そうとした、時代錯誤の改革だった。

老中就任からわずか六年後の寛政五（一七九三）年、定信は老中を辞職し、改革は頓挫《とんざ》する。しかし、辞職した定信のあとを松平信明《のぶあきら》が受け継いで、改革は信明が死亡する文化末期まで続行された。

一八〇四年、年号は文化と変わる。次の年号は文政で、文化期とさらに次の年号の文政期を一纏《まと》めにして化政期という（一八〇四〜三〇年）。

前に「享保の改革で、多くの百姓が江戸に出てきた」と書いた。寛政の改革で、農民を郷里

に戻す政策を進めたが、それも失敗し、江戸は貧乏人の溜《たま》り場になった。

文化十三（一八一六）年頃成立したと見られる『世事見聞録』（著者は旗本クラスの武士か？）は「天明の凶年に、御廓内《おくるわうち》（江戸）にて乱妨狼藉《らんぼうろうぜき》及び打壊し等のこと起れり。その天明の頃よりも、今は都会の人数多くなり、困窮人《こんきゅう》も多くなり、人の悪心も陪増せり」と書き、さらに「勝劣甚だしく出来て、有徳人《うとく》（金持ち）一人あればその辺に困窮の百姓二十人も三十人も出来」と記している。

化政期の経済の特徴は、貨幣経済が進んだことと、武士の困窮化である。

寛政の改革の目的は幕府財政の再建と武士の救済だったが、改革は失敗し、武士の生活は困窮の度合いを深めた。のちに下級武士や武家使用人のアルバイトについて詳しく述べるが、御徒町《おかちまち》の下級武士が朝顔の栽培を始めるのがこの時期である。

一方、金を持った商人が金で武士身分を買うことも珍しくなくなった。封建支配の根幹である身分制度が綻《ほころ》び始めたのである。

西暦一八三〇年に年号は天保と変わる。天保四（一八三三）年〜同七（一八三六）年は天候不順で、米などの農作物が不作だった。そのため、天保七年の甲州天保一揆（郡内騒動）など大規模な一揆、都市に流入した百姓も巻き込んだ打ち壊しが頻発した。天保八（一八三七）年には大坂で大塩平八郎の乱が起きた。

前述したように、天明七（一七八七）年以降、将軍の座には家斉が就いていた。天保八年、家斉は隠退し、二男の家慶《いえよし》を十二代将軍の座に就ける。しかし、実際には院政を敷いて政治の実権を握っていた（家斉が将軍だった時代も含めて、この時期を大御所時代という）。

2、天保の改革

ところが、天保十二（一八四一）年、大御所・家斉が死去する。家慶が名実ともに将軍になったのである。

その前の天保十（一八三九）年、浜松藩主の水野忠邦が老中首座となり改革を進めていた。忠邦は家斉が逝去するとすぐに反対派を粛清、家慶に天保の改革を宣言させる。

忠邦が天保の改革で行ったのは、①農村出身者を強制的に帰郷させる人返し令、②同業者組合の株仲間の解散、③江戸・大坂周辺の大名・旗本の領地を幕府直轄地とする上地令（上知令）、④無利子・年賦返済令と金利の引き下げなどである。

つまり、この改革の目的は幕府財政の再建と武士の救済で、享保の改革、寛政の改革と同じく重農主義による改革だった。

これも時代錯誤の改革で失敗ははじめから予測されたが、改革の宣言からわずか二年後の天保十四（一八四三）年、忠邦は老中職を罷免され失脚、諸改革は中止される。

とくに、上地令への反発は凄《すさ》まじく、味方と思っていた大名・旗本が敵に廻った。

七、江戸時代の貨幣

さて、これから江戸時代の経済の実相について記述していくが、その前に江戸時代の貨幣について述べる。

嘉永二（一八四九）年生まれの鹿島萬兵衛が江戸時代の思い出について記し、大正十一（一九二二）年に刊行された『江戸の夕栄《ゆうばえ》』に植木市の客と植木屋の会話が出てくる。

客「オイその梅の鉢はいくらだ」
植木屋「旦那《だんな》コリャア随分の古木デス。お安く負けて二両二分にして置きませう」
客「こっちの鉢なしのは」
植「こっちは三貫五百デス」

客「両方で二朱やらう」
植「旦那、御じょう談をおっしゃらないで買って下さい」
客「イヤなら御縁がないのだ」
植「モシモシ旦那、ソンナラ両方で一分やって下さい」
客「それならモウ三百やらう」
植「エヾ口明《くちあけ》だ、願って置きませう」

江戸時代は金・銀・銭《ぜに》の三つの貨幣が併存していた（「三貨制度」といった）ため、会話に金貨・銀貨の単位が出てくるが、江戸時代、盆栽や鉢植えを買う時、植木屋の言い値で買う人はおらず、値段の駆け引きも植木を買う楽しみのうちだったこともわかる。

植木屋の言い値は初め、梅の盆栽は金二両二分、鉢に入っていない花木の二つの値段は銀三貫五百匁《もんめ》だった。しかし、値切られて、金一分と銀三百匁で売ったのである。

現代人の我々にはチンプンカンプンだが、江戸時代の人は不自由ではなかったようだ。

1、三貨制度

江戸時代は金貨・銀貨・銅などで造った銭貨の三つが使われた。そして、金貨は金子《きんす》、銀貨は銀子《ぎんす》、銅などの銭は銅銭といったのである。総称は「かね」だ。

金・銀・銅などの三種類の貨幣はそれぞれ独立した通貨だが、相互に交換できた。

金貨は小判（一両）・一分（一歩）判（小判一両の四分の一）の二つが基本。ただし、大判（十両）もあり、元禄期に二朱金、後期に五両判・二分判が発行された。

もっとも使われたのは一分判で、形から「一角・短冊・小粒・万金丹」ともいわれた。大判（判金・板金《はんきん》）は贈答用の金貨で、一般には通用していなかった（額面は十両だが、実際の価格は一枚七両二分で、売買は幕府への届け出が必要だった）。

金貨の単位は両・分・朱の三種類。四進法で、一両は四分、一分は四朱だった。つまり、一両は十六朱である。

銀貨は丁（挺《ちょう》）銀・小玉銀（豆板銀）の二つが基本。銀の重さに比例する秤量《ひょうりょう》貨幣で、秤《はかり》にかけて量目を計って使うか、一定の量目を紙に包んでおき受け渡しした。江戸時代のごく初期の元和六（一六二〇）年までは小さく切って使うこともできた（「切遣い」といった）。また、明和年間（一七六四〜七二年）に明和五匁銀・一分銀・南鐐《なんりょう》二朱銀・一朱銀など、計数銀貨も現れた。

丁銀は海鼠《なまこ》のような長楕円《だえん》形をしていた。小玉銀は指の頭大の円形で、形から、豆板銀・小粒・細銀・露銀ともいわれた。

銀貨の単位は貫・匁・分・厘《りん》・毛《もう》。つまり、重さの単位を銀貨の単位に使った。一貫だけが千匁で、匁以下は十進法だった。

銭貨は主として大型の四文銭と小型の一文銭の二種類。主成分は銅で、鉄や真鍮《しんちゅう》もあった。江戸時代後期の蕎麦《そば》の値段は十六文だった。八文・十六文・三十二文など、半端な価格の物が多かったのは、四文銭が広く使われたため。

銭の単位は貫と文で、一貫文は千文だった。銭貨は中国など東アジアの通貨で、古くから使われた。江戸時代初期は中国から永楽《えいらく》通宝を輸入して使っていたが、寛永十三（一六三六）年に国産銭貨の寛永通宝が鋳造され、以降はそれに統一された。

現代の通貨の日本銀行券・貨幣は独立行政法人である国立印刷局と造幣局が印刷・鋳造するが、江戸時代の金貨・銀貨は民間業者の金座・銀座が鋳造した（銭座は十八世紀半ばから金座・銀座が代行）。

地域によって、主に使う通貨は違った。江戸は金中心で、銀・銭も併用した。上方は逆に、銀中心で、金・銭も併用した。つまり、高額の取引は江戸では金、上方では銀が使われ、庶民

金座の鋳造　『金吹方之図・小判・分判色改之図』　西脇康『絵解き金座・銀座絵巻』

の日頃の買い物には銭が使われ、三つの通貨とも全国で使用されたのである。

なお、物価の表示の仕方も江戸と上方では違った。たとえば米の価格は、江戸では「金一両につき、米何石何斗」と表示した。一方、上方では逆に「米一石につき、銀何匁」と表記した。

金と銀の交換レートは時期によって変わった。幕府は慶長十四（一六〇九）年に金一両につき銀五十匁、元禄十三（一七〇〇）年に金一両＝銀六十匁と定めたが、実際には毎日変動していた。

金（両）と銭（文）の交換レートは毎日変化する変動相場制だった。初期は金一両＝銭四千文（四貫文）くらいだったが、明和年間（一七六四〜七二年）以降は一両＝五千文（五貫文）くらい、幕末の慶応年間（一八六五〜六七年）は一両＝一万文（十貫文）くらいまで銭の価値は下落した。江戸時代を平均すると、一両＝六千文（六貫文）くらいだったようだ。

つまり、江戸時代の三貨制度は大変複雑だった。譬《たと》えていえば、日本の円とアメリカのドルと中国の元で取り引きしていたような状態だったが、混乱しなかったようだ。なぜかというと、ほとんどの庶民は銭だけを使い、金銀の使用は稀《まれ》だったのである。

庶民を対象にした銭両替屋　『日本永代蔵』の挿絵

2、両替

しかし、何かの間違いで、庶民も金貨を手にすることがある。ところが、庶民は日常の買い物に金貨を使えない。

たとえば、蕎麦の支払いに一両出すわけにはいかないのである。なぜなら、蕎麦の値段は十六文の時期が長かったが、金一両＝銭六千文とすると、蕎麦屋は六千文近くのつり銭を用意できなかった。

そのため、江戸時代は三つの貨幣を交換する業者があり、その業者を両替屋といった。両替屋が生まれたのは室町時代だが、制度として確立したのは江戸時代である。

両替屋は二種類あった。金・銀だけを扱い大名や大店を相手にした「本両替」と、庶民を相手にした「脇両替（銭両替）」である。脇両替は大概、質屋・酒屋・油屋・日常雑貨店などの兼業で、銭貨と金貨・銀貨を交換した。日常生活に必要不可欠な仕事だったため、両替屋は江戸だけで六百軒以上もあったという。

両替屋は商売だから、貨幣を交換するには手数料がかかる。手数料のことを切替賃（略して「切賃」）といった。一両を一分判四枚に替える切賃は、元禄年間（一六八八～一七〇四年）は八～十二文、元文年間（一七三六～四一年）は三十～四十文だった。

両替屋の業務には為替や手形の発行も含まれた。現代の銀行の業務に近い仕事をしていたわけで、明治になると両替屋は銀行へ発展していく。

第二章　庶民の暮らし

歌舞伎《かぶき》の世話物を観《み》ると江戸時代の庶民の実際がよくわかる。世話は「世間の話」の意。江戸時代の庶民の暮らしを描いた（当時の）現代劇である。

劇作家・近松門左衛門（一六五三～一七二四年）が活躍したのは元禄末期から享保初期で、この時代はまだ時代物を中心に上演していたが、近松の書いた世話物は現代も人気を集めている。その特徴は金銭に絡む事件を扱っていることで、そのことについてはのちに纏《まと》めて書く（一二九～一四三頁）。

文化・文政期（十九世紀前半）の狂言作者（劇作家）・鶴屋南北（一七五五～一八二九年）の生世《きぜ》話《わ》物（生粋の世話物）には下層庶民を主人公にしたものが多い。江戸は本来、武家の街だが、寛政の改革のあとは田舎から流入した貧乏人の溜《たま》り場となっていた。当時の実際を映しているのである。

南北の後継者で幕末・明治初期の狂言作者・二代河竹新七（のち黙阿弥《もくあみ》。一八一六～九三年）は白浪《しらなみ》（泥棒）物を得意とした。たとえば、安政七（一八六〇）年初演の『三人吉三 廓初買《くるわのはつがい》』の三人の主役は泥棒だが、幕末は泥棒が跋扈《ばっこ》していた。

歌舞伎には民俗学上の貴重な記録も遺《のこ》されている。たとえば、近松門左衛門作、享保六（一七二一）年初演『女殺油地獄』「豊島屋《てしま》の場」で、油屋・豊島屋の女房・お吉は、娘の髪を梳《す》きながら、「五月五日の夜は女の家といって女の祝い日でもある。何事も起らないように」という意味のセリフを言う。五月五日の端午の節句は男の子の節句になっているが、もともとは女性の物忌《ものいみ》日（斎日《いみび》）だったのである。

旧暦五月は梅雨の時期、田植えの時期だったが、悪月《あしげつ》といわれたように高温多湿で体調を崩し易い時期でもあった。古来、田圃《たんぼ》・畑の耕作は女性の仕事だったが、女性たちは田植えを前にして、菖蒲《しょうぶ》で屋根を葺《ふ》いた水辺の小さな小屋に籠《こも》って精進潔斎した。それが「女の家」「女の天下」「女の夜」という風習で、物忌み（食欲・性欲などを絶ち、沐浴《もくよく》などをして、心身の穢《けが》れを取り除くこと）であると同時に、休養して体調を整えたのである。

ちなみに、テレビの時代劇は嘘《うそ》と思っていたほうが良い。現代人は江戸時代の実際を知らない。そのうえ（当たり前だが）感覚は現代的である。江戸時代の感覚で写実的にドラマを作ると、現代人には何のことなのかわからなくなってしまう。したがって、現代人に理解され易いよう、現代の感覚で江戸時代の実際を離れてドラマを作る。嘘が多いのは仕方ないのである。

この章は江戸時代の庶民（とくに町人）の暮らしの実際について述べる。

一、町人の暮らし

1、職人の暮らし

江戸時代、一番持て囃《はや》された職人は建築職人で、大工・左官・鳶《とび》職は「江戸の三職」といわれた。なぜ建築職人が持て囃されたのか、というと、火事が多かったためである。とくに江戸は火事が多く、三年に一度くらい大火があった。

当時は木造建築だったが、関東平野にあった江戸は、北風が強く、一旦《いったん》火が出ると大火になった。火事で焼けてしまうと、建築物は新しく建て直さなければならない。建築職人の出番である。

『文政年間漫録』に文化・文政期（一八〇四〜三〇年）の大工の日当が載っているが、大工の日当は良かった。同書に拠《よ》ると、日当は銀四匁《もんめ》二分で、ほかに弁当代として銀一匁二分が支払われたという。合計銀五匁四分である。

当時の暦は月の周期を基本とする太陰太陽暦で、一年は三百五十四日が基本だった（残り十一日は三十二〜三十三カ月に一回閏《うるう》月を入れて調整した）。三百五十四日のうち、定休日と決まっていたのは正月とお盆と節句だけだったが、それに加えて雨の日などで六十日休むと仮定すると、一年の実働日数は二百九十四日である。したがって、五匁四分×二百九十四日＝銀一貫五百八十七匁六分が一年間の賃金である。

大工　三代豊国『士農工商之内・工』（三枚続きの右）　国立国会図書館蔵

モデルの大工は女房のほか子ども一人の三人家族。一年間の支出は、主食の米代が三石五斗四升で三百五十四匁、家賃百二十匁、塩・味噌《みそ》・醤油《しようゆ》・薪《まき》・炭代が七百匁、道具代・家具代百二十匁、衣服代百二十匁、交際費百匁で、計一貫五百十四匁になる。

収入の一貫五百八十七匁六分から支出の一貫五百十四匁

を差し引くと、一年間に七十三匁六分が残る計算になる。モデルの大工は「酒を飲んだり女遊びができる賃金ではない」とぼやいている。

つまり、当時の職人の中では一番恵まれていた大工もつましく暮らしていた。

ただ、大火のあとは日当が三〜四倍に急上昇した（倍増という説も）。

幕末の安政二（一八五五）年十月、江戸を直下型の大地震が襲い、一万四千軒が倒壊し、七千名を上回る死者を出した。その後、幕府は「大工の日当は銀三匁に弁当代一匁二分」という無責任な触れを出した。化政期の日当より低い賃金にしなさいと命令したわけだが、守る人はいなかった。守っていたら、自宅は再建できない。

2、商人の暮らし

ひとくちに商人といっても幅は広い。大名以上の暮らしをしていた者から、その日暮らしの行商人（振売《ふりうり》・棒手振《ぼてふり》）までいた。

まず、前出『文政年間漫録』から、雇人が四〜五人、家に妻子・眷属《けんぞく》（親戚）・下女が四〜五人いるという商人を取りあげる。

年間の支出は、米は十四石四斗消費するから金額にすると十五〜十六両、味噌一両二分、醬油二両一分、油三両、薪四両二分、炭三両二分、大根漬一両三分、おかず代・家具代合わせて十四〜十五両、衣服代十七〜十八両、普請（家の修理）代六〜七両、雇い人の給金八〜九両、地代二十二〜二十三両、合計百両余りである。

収入は具体的ではなく、一般論でいうと、百両の利益を得るには千両を売り上げなくてはいけない、とだけ記している。

江戸時代は、都市でも田舎でも、販売品を背負って（担いで）廻《まわ》ってくる行商人が多かった。幕末に刊行された百科事典的な書物『守貞謾稿《まんこう》』には百数十の行商が出てくる。

江戸には独身（あるいは単身赴任）の男が多かった。また、大多数の人は一汁一菜（一杯の汁におかず一品）の貧しい食事だったうえ、下層庶民が住んだ長屋には狭い台所しかなかったから、江戸には食物を商う行商人がたくさんいたのである。江戸の住人の多くはその行商人を呼び止めて食品を買い、食事を摂《と》った。

前出『文政年間漫録』に江戸の野菜行商人の生活が載っている。

この野菜売りは「朝、銭六百〜七百文と菜籠を持って家を出て、その銭で蕪菁《かぶ》・大根・蓮《れん》根《こん》・芋を仕入れ、肩が痛むのを我慢しながら脚に任せて各町を『蕪菁めせ、大根いかが、蓮《はす》もあります、芋や芋』と言いながら売り歩いた」（現代語訳）という。

振売（棒手振）　広重『東海道五拾三次之内・日本橋』　東京都立中央図書館蔵

この話には続きがある。家に帰ると、女房はまだ昼寝の続きで、懐と背中に幼い子どもがいた。家に入った野菜売りは財布の紐《ひも》を解いて、売り上げから明日の資金を確保し、食費を竹筒に収めたところに女房が目を覚ました。「米を買う銭が欲しい」と言うので二百文渡したところ、味噌も醤油もないというのでさらに五十文与えた。妻が米を買いに出掛けると、子どもが起きてきて、「お菓子を買う銭が欲しい」と言うので、十二・三文を与えると外に飛び出した。今日の売り上げから残った金は百〜二百文だった。

ということは、一日の売り上げはおよそ千〜千二百文という計算になる。

ただし、雨で売りに行けない日もあるから、その日のために備えなくてはいけない。したがって、酒を飲む余裕はなかった。

二、町人の公役《くえき》と冥加金《みょうが》

江戸時代の税金は土地に課税するのが基本だった。その典型が年貢である。したがって、土地を持っている町人は、地子銭《ちしせん》を払わなければいけない。

しかし、幕府直轄地の江戸・京・大坂・堺・奈良などは地子銭が免除されていた。また、いくら儲《もう》けても所得税はかからず、もちろん売上税（消費税）もなかった。

幕府は一定の土地に居住し、米を生産する百姓を一番重視していた。物を作らず、動かすだけで儲ける商人を幕府は賤《いや》しい職業と考えていたようだ。その商人から税を取るのは恥ずかしい行為と考えていたのだろう。また、町人（職人・商人）の人口は数パーセントに過ぎない。苛酷《かこく》に税金を取り立てても大した額にならない。そのため、町人は雑税だけ払えば良かった。

主な雑税は三種類あった。

一つは「公役」。公役はもともと幕府のために労力奉仕させることをいったが、町奉行・大岡越前守の意見によって、享保七（一七二二）年から、貨幣での支払いになった。現代の固定資産税に当たるだろうが、道路に面した側の間口の広さに比例して課税したのである。

公役は地域によって課税率が異なった。江戸でいえば、日本橋・京橋・神田などを上等地、両国・芝・赤坂などを中等地、深川・本所・小石川・青山・麻布などを下等地とし、課税率を変えた。つまり、江戸城に近い繁華な地の課税率を高くしたのである。

土地や家を持っていない長屋住まいの人たちの公役は、家賃に上乗せして家主が徴収した。貧乏な町人は税金を払わなくて良かった、と誤解している人もいるが、高くなかったものの、無税ではなかったのである。

二つは「町入用《まちにゅうよう》」。固定資産税とも町内会費ともいえるもので、これも持っている土地の間口の広さによって課税した。

三つは冥加金・運上金《うんじょうきん》。運上金は営業税のようなもので、一定の比率で課税された。冥加金は免許料のようなもの。

冥加金・運上金が課税されるようになったのは中期以降である。

前述したように、町人の人口比率は少なく、課税しても大した額にならなかったが、財力を持つ大商人も現れたため、新しい「財源」になったのである。

ちなみに、歌舞伎など、芸能の興行には課税されなかった。歌舞伎や人形浄瑠璃《じょうるり》など、芸能の興行に携わる者はもともと流浪の民で、中世までは税金のかからない河原に居住していた。そのため江戸時代も「河原者」といわれ差別されたが、人間扱いしなかった者から税金を取るわけにはいかなかったのである。

三、歌舞伎の興行

1、商業演劇

江戸時代の職業の中で、もっとも資本主義化していたのは遊廓《ゆうかく》と歌舞伎である。二つはすべて金で動いていた。

現代のプロによる演劇はみな職業演劇・商業演劇である。「職業演劇」は演劇を職業とする人たちが上演する演劇、「商業演劇」は商売として上演する演劇という意味。歌舞伎は江戸時代から職業演劇・商業演劇だった。

江戸時代以前の芸能者には二種類あった。第一は、貴族・武士、寺社など、有力者に養われていた人たち。第二は、興行を行い、その代価である入場料によって生活した人たち。

室町時代初期に成立した能・狂言は江戸時代初期に徳川幕府の式楽（儀式芸能）となった。各藩もそれに倣ったため、能・狂言は武士階級全体の儀式芸能となった。つまり、能・狂言師は武士に抱えられて生活するようになったわけで、そのため能・狂言の役者の生活は安定した。反面、庶民の意識と乖離《かいり》し、急速に古典芸能化していく。

一方、江戸時代初期に生まれた歌舞伎は、成立した時から商業演劇・職業演劇だった。芸（演技）という商品を売り、代償として入場料を受け取り、その金で生活したのである。換言すると、不特定多数の観客から受け取る入場料によって生活した。

演劇を制作するには膨大な資金が要るが、入場料によって、次回以降の作品を作る費用と役者など制作に携わる人々の生活費を賄った。つまり、商売・職業として歌舞伎を上演していたのである。

ちなみに、欧州の役者も中世までは王侯貴族に抱えられていた。商業演劇になったのは近代になってから。つまり、歌舞伎は世界の先端を行っていたのである。

なお、「興行」は「催し」をいう言葉で、能・歌舞伎などの芸能だけでなく、俳諧《はいかい》・相撲《すもう》・法事などにも使われた。

江戸時代は何を行うにも幕府の許可が必要だったが、歌舞伎の興行も幕府の許可が要った。歌舞伎が一大勢力に発展すると、幕府は初期に興行していた少数の特定の役者（＝興行者）だけに半永久的な興行権を与え、ほかの役者を排除した。

江戸時代の武家は、長男から長男へ、世襲制で家を受け継いだが、それに倣って、歌舞伎の興行権を獲得した家も長男から長男へ家を受け継いだ。つまり、幕府は、武士社会の制度を歌舞伎に押しつけたのである。

半恒久的な興行権を与えられた家を座元（櫓元《やぐらもと》・櫓主・太夫元《たゆうもと》とも）という。興行権を持つ座元は、同時に興行主で、劇場も所有していた（上方は少し制度が異なった）。つまり、江戸時代の歌舞伎は座元を中心に廻っていたのである。

演劇の上演資金の出資者を金主（大坂は銀主）という。金主は大概、町人の富豪で、三人くらいが共同で出資した。紀伊国屋《きのくにや》文左衛門と並ぶ江戸の富豪として知られる奈良屋茂左衛門も市村座に出資していた時期がある。

2、劇場の収支

劇場の収支についてはわずかな史料しか遺っていないが、寛政十二（一八〇〇）年頃、狂言作者の二代中村重助が書いた『芝居乗合話』に収支の概算が載っている。

江戸時代の幕府公認劇場（大芝居《おお》）は年六回の興行で、一つの興行の打ち日（興行日）は四十日弱だったから、年間興行日数は二百二十日ほどの計算になるが、実際には二百日興行できれば良いほうだった。

収入を「あがり」といった。一日のあがりは興行によって異なったが、平均四十両として、八千両の年間収入になる計算である。以下、重助の見積りを紹介する。

まず収入。

十一月の顔見世は、打ち日三十日くらい、一日平均六十両のあがりとして、計千八百両。正月興行は打ち日四十日、一日平均三十両として、計千二百両。三～四月興行は打ち日五十日、一日平均四十両として、計二千両。五月は打ち日三十日で、一日平均三十両として、計九百両。七～八月は打ち日四十日で、一日平均四十両として、計千六百両。九月は打ち日三十日、一日平均三十両として、計九百両。総計八千四百両となる。

いうまでもないが、一日のあがりは木戸銭（入場料）×入場者数だが、重助の見積りは木戸銭についても、入場者数についても書いてない。

まず、木戸銭だが、江戸時代の歌舞伎の木戸銭は、時期によっても、都市によっても、劇場

（出演者の顔ぶれや作品など）によっても、見物席の位置によっても違った。これは現代も同じである。

見物席の位置でいえば、桟敷《さじき》・高土間・平土間の順に料金が高かった。桟敷は舞台の左右にあって二層になっていた。高土間は桟敷の前の少し高くなった所をいう。一般の人は舞台前方の平土間で見た。平土間は木材で仕切られた桝《ます》席で、七人詰だった。

安永三（一七七四）年五月の江戸の入場料は桟敷十二匁五分・土間十匁だった。ところが、寛政五（一七九三）年に桟敷三十五匁・土間二十五匁、同九年に切落し（文化期まであった、仕切りのない大衆席）百六十四文・一幕見十六文に決められた。寛政の改革の時期だったが、安永期に比べて入場料が高騰したため、幕府が上限を定めたのである。

文化期になると少し下がって、文化八（一八一一）年十月の森田座は、桟敷一分二朱、高土間十八匁、平土間一分、一人割二百六十四文だった。

天保六（一八三五）年六月の中村座は桟敷二十五匁、高土間二十匁、平土間十五匁、同年十月の森田座は桟敷十五匁、高土間三朱、平土間七匁五分である。

なお、分・朱は金貨、匁・分は銀貨、文は銭貨の単位である（貨幣と交換レートについては六六頁「三貨制度」の項を参照）。

土間の札（入場券）は劇場入口横にあった札場で買った。しかし、出費は入場券だけでは済まなかった。江戸時代の歌舞伎は朝から夕方まで上演していたから、最低限、「かべす」は必要である。「か」は菓子、「べ」は弁当、「す」は寿司の略。ちなみに、芝居茶屋は最低限の物しか買わない客を「かべすの客」といって蔑《さげす》んだという。

高級席である桟敷席を取りたい客は劇場の周りにあった芝居茶屋を通して入場券を買い、開演前・幕間《まくあい》・終演後は茶屋で寛《くつろ》いだ。

観客を収容できる人数も劇場によって異なったが、江戸時代の劇場は近代以降の額縁舞台・椅子席ではなかったので、大入りの時は舞台の後ろまで客を詰め込んだ。また、前述したように、文化期までは「切落し」といわれた仕切りのない大衆席もあった。舞台から見て突き当りの二階後方に大衆席の「大向う」が設けられた劇場もあった。

寛政期の江戸三座でいえば、観客収容数は中村座、市村座、森田座の順に多かった。

次に、支出。

重助は役者の給金が六千両、大小の道具類の製作費、劇場の飾りつけ、蔵衣裳《いしょう》、劇場の地代などが一千両で、計七千両と計算している。

いうまでもなく、役者の給金が大半を占めた。役者の給金についてはもちろん、時代によって異なった（次項で詳述）。

なお、劇場関係者のうち、劇場が給金を支払ったのは、役者と音楽演奏者、狂言作者だけ。現代の劇場には、楽屋で働く裏方（衣裳方・床山・道具方など）と事務職員や切符をチェックし客を客席に案内する表方といわれるスタッフがいるが、江戸時代はそれらの人々に給金は支払われなかった。では、どうして暮らしていたのか、というと、贔屓《ひいき》や役者に養ってもらっていたのである。

先に「蔵衣裳」と書いたが、捕手・御殿女中など、脇役《わきやく》に劇場が貸し与えた衣裳のこと。主要な役者の衣裳は自前だった。

つまり、重助の見積りでは、劇場の年間の粗利は一千四百両になる。それを座元と金主で分けることになるが、計算通りいけば、ボロい商売で、そのため金主になりたい人はたくさんいた。ただし、これはあくまで机上の計算である。実際には、赤字の興行もたくさんあった。弾圧（上演差し止め）で途中から上演できなくなった時もあったし、不景気や作劇の失敗で不入りの時もあった。人気役者が病気で休演した時もあったし、出演者同士喧嘩《けんか》して退座する役者もいた。何より怖かったのは火事で、劇場から出火したことも、貰《もら》い火（類焼）もあった。

役者の給金が高騰して赤字になったこともあった。文政十一（一八二八）年、役者の給金の高騰に音を上げた江戸三座の座元が奉行所に「役者の給金の上限を寛政の改革で幕府が決めた五百両に定めて欲しい」という嘆願書を提出したが、その嘆願書に、「三座のあがりは年間八千両程度なのに、役者などへの給金だけで九千両になる」とある。

『歌舞伎年表』第六巻に文政十一年度（文政十年十一月～十一年八月）の江戸三座の収支が載っているが、三座とも赤字だった。中村座は収入五千六百五十四両、支出七千七百両で、二千四十六両の赤字。市村座は収入五千六百四十六両、支出八千二百三十九両で、二千五百九十三両の赤字、河原崎座は収入二千二百四十五両、支出六千三百三十八両で、四千九十三両の赤字である（実際には銀や銭もわずかに計上されていたが、複雑になるため省いた）。

これは単年度の赤字額で、大概の劇場には累積赤字（借金）があった。『歌舞伎年表』第五巻に、寛政六（一七九四）年には「三座とも五十万両前後の大借に及び興行出来ぬ事」とある。

それより前の享保期（十八世紀前半）、森田座は興行資金が調達できず、幕が開けられなくなった。江戸時代は幕府に認められた者しか興行できなかったのだが、享保二十（一七三五）年、本来の座元（本櫓・元櫓）に代って控櫓（仮櫓）が興行できる制度が決められ、森田座に代って河原崎座が興行権を得た。

また、文化期になると本来の興行主に代って、金方・金主が直接興行を取り仕切るようになる。「水戸藩恐喝事件」（一七〇頁）に登場する水戸藩の勝手方・大久保今助は文化年間に中村座の金主をしていた。

現代も同じだが、演劇・実演芸能の興行は大変難しい。大当りは稀《まれ》である。換言すると、中村重助の計算は予算案の類《たぐい》である。

3、役者の給金

次に、役者はどのくらいの給金を取っていたのか。

一つの劇場の出演者は五十人から六十人だったので、平均五十五人と仮定すると、六千両÷五十五人で、役者の平均給与は年間百九両になる。

文化期（十九世紀初め）の商家手代の年間給金は三両から四両、下女の場合は一両二分とされる。年間百両を超えれば良い商売である。

ただし、これはあくまで平均値に過ぎない。役者の給金は座頭《ざがしら》（一座の統率者）など上位の役者から決まったが、人気商売だからどうしても、観客を呼べるスターには厚く、脇役には薄くなる。

「千両役者」という言葉がある。「年間に千両の給金をとる役者」という意味で、のちに「技芸と風格を兼ね備えた偉大な役者」という意味の日常語になった。

初めて千両取った役者は女形の芳澤あやめで、正徳期（一七一一～一六年）のことだった。次に、千両取ったのは二代市川団十郎で、享保六（一七二一）年、森田座で上演した『大鷹賑《おおたかにぎわい》曾我《そが》』が正月から十月まで続演という大ヒットで、その褒美として年間千両の給金と夏休みをもらった。千両役者という言葉はこの時に生まれたのである。

江戸時代は役者の一年の給金を書いた「役者給金付」といわれる刷物が発行されていた。この刷物は、掲載されるほうも読むほうもむかつくため、俗に「むかつき番付」といわれた。現代のスポーツ紙はプロ野球選手の年俸を（推定）という註《ちゅう》つきで報道しているが、むかつき番付の金額もそう的外れではなかったようだ。

文政十（一八二七）年のむかつき番付に拠ると、三代中村歌右衛門が千四百両、三代坂東三津五郎が千三百両、五代松本幸四郎が千二百両、七代市川団十郎と五代岩井半四郎が千両、三代尾上菊五郎が九百八十両だった。四捨五入すると、この年の千両役者は六人いたのである。

次に脇役はどのくらいの給金だったのか。

安永～天明期（十八世紀後半）を代表する名優、初代中村仲蔵《なかぞう》は自伝『月雪花寝物語』に「八両の給金より千両に至る」と書いている。この時期、最下級の役者の給金は年間八両くらいだったと思われる。

その名跡を継いだ、幕末から明治初期の名優、三代中村仲蔵は若い頃、五代岩井半四郎と自分の給金を比べたことがある。二十一歳から六十歳まで、四十年生きると仮定して、自分の給金は四回生きても半四郎の給金に百両足りない、という計算になったという（自伝『手前味噌』に拠る）。

役者になってもすぐに給金が出るわけではなかった。

江戸時代はすべてに順位があったが、役者にも階級があった。幕末でいうと、最高位が名題で、相中上分《あいちゅうかみぶん》、相中、中通《ちゅうどお》り、下立役《したたちやく》の五段階に分かれていた。

劇場から給金が出たのは最下級の「下立役」の一つ上の「中通り」からである。給金をもらえない下立役は師匠の家の使用人やアルバイトをして糊口《ここう》を凌《しの》いだ。

中通り・相中がいくらもらっていたのかというと、前出の三代仲蔵の自伝に、「中通りで二十五両、相中で五十両」とある（もちろん、年額）。多少の前後はあったが、これが幕末の脇役の給金だった。

中通りから相中へ一ランク出世すると給金が倍増するが、昇進を喜んでばかりはいられなかった。というのは、「相中」以上の役者になると、衣裳も小道具も鬘《かつら》も自前で、使用人を一人抱えなければならなかった。

また、下立役から中通りまでは、只《ただ》で楽屋の食事が食べられた。相中以上、座頭に至るまでの役者が階級に応じておかず代を出したのである。つまり、相中になると中通りまでの役者のおかず代を出す義務も生じた。そのことは享和三（一八〇三）年刊の『三座例遺誌《さざれいし》』などに出てくる。

なお、ご飯を炊くことを「炊き出し」、おかずを作る当番を「菜番」といった。

4、劇場と役者の契約

江戸時代の興行主と役者との契約は旧暦十一月の顔見世興行から翌年秋の秋興行までの一年だった。つまり、江戸時代の劇場は十一月一日からの一年間、同じ顔ぶれで上演していた。その年その劇場へ出演する役者を披露する、十一月の興行を「顔見世興行（略して「顔見世」）」といった。顔見世は承応年間（一六五二〜五五年）に上方で生まれ、万治年間（一六五八〜六一年）からは江戸でも行われるようになったと見られる。

歌舞伎の正月は十一月だったわけだが、なぜこの時期を正月に設定したのか。

私は二つ考えられると思う。一つは、端境期《はざかいき》をなくしたこと。「ニッパチ」という言葉があ

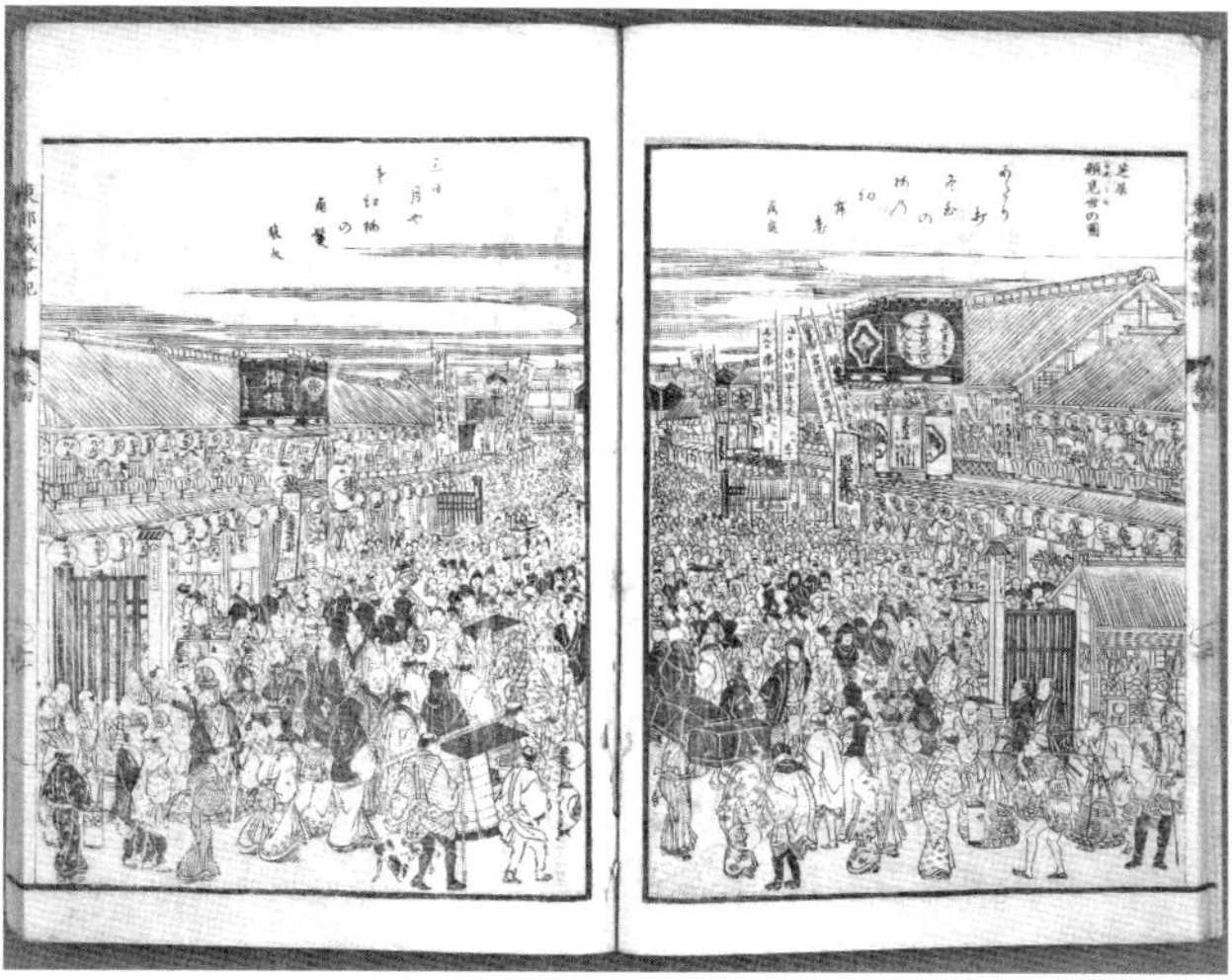

顔見世　『東都歳事記・芝居顔見世の図』

ったように、冷暖房のなかった江戸時代の劇場の端境期は厳寒期と夏だった。旧暦十一月は、寒さが厳しさを増す時期である。その端境期にあえて最初の興行月に設定して、端境期を一つ減らしたのだろう。二つは、出費の増える十二月の前であること。次の十二月は正月用品を買ったり、節季の月だったり、出費が多くなる。その前に観に来てもらおう、と考えたのではないか。江戸時代も頭の良い人がいたのである。

毎年九月、三座が話合って契約する役者を振り分け、劇場と役者の契約が成立すると、両者は身上書《しんしょうがき》（契約書）を取り交し、劇場は役者へ手付金を支払った。

十月中旬、次の年度、その劇場へ出演する役者全員が顔を合わせた（「寄初《よりぞめ》」といった）。その時（手付金を除いた）年給の三分の一が支払われ、稽古《けいこ》に入った。

年給の残り三分の二は、二回目の興行である初春興行から、弥生《やよい》興行、皐月《さつき》興行、盆興行、菊月（秋）興行という、五回の興行毎《ごと》、五回に分けて支払われた。

ところが、上方は、寛政期（十八世紀末）に年間契約制が崩れ、興行毎の契約になった。ただ、顔見世という言葉は使われたから、名前だけ残って、実質は失われたのである。また、上方では宝暦期（十八世紀半ば）から、一カ月時期がずれて、十二月になった。つまり、享保期以降、顔見世興行＝年間契約制は江戸独特の風習になった。その江戸も幕末の嘉永二（一八四九）年に年間契約制が崩れ、興行毎の契約になっていく。

ちなみに、現代も顔見世という言葉は使われるが、名前だけ遺ったに過ぎない。

四、江戸庶民の金銭観

江戸時代に成立したことわざには同時代の庶民の考え方がよく表れている。

江戸時代の世相を表すことわざに、「地獄の沙汰《さた》も金次第」「金さえあれば天下に敵なし」

「金の切れ目が縁の切れ目」というのがある。

江戸時代は、罪を犯した人間が死ぬと地獄へ落ちる、と考えられていた。「地獄の沙汰も金次第」は、地獄の入り口には閻魔《えんま》大王が待っており、地獄に落ちた者を裁いて罪状に適《かな》った所へ送るが、閻魔大王に金を摑《つか》ませれば、有利に裁いてもらえる、という意味である。ことわざは現世の反映だから、江戸時代はすでに金がものをいう時代になっていたのである。

「金さえあれば天下に敵なし」は解説不要だろう。

「金の切れ目が縁の切れ目」は「人間は生きている間、さまざまな縁を結ぶが、大概は金を介しての繫《つな》がりなので、金がなくなると縁も切れる」という意味で、とくに色里の男女関係について言った。江戸時代は自由に恋愛ができる時代ではなかった。また貧乏のため苦界《くがい》（色町）に売られる女性が多かったため、多くの男は成人したあと遊廓で遊んだ。そして、中には遊女と恋愛関係に陥る者もいたが、相手の遊女は大概、金が目的で付き合っていた。また本当に遊女が男に惚《ほ》れていたとしても、金がなければ遊廓に上れない。したがって、男に金がなくなると縁は切れたのである。

前に書いた通り、色町には資本主義が貫徹されており、「金がすべて」だった。

つまり、江戸時代は徳川家独裁の社会で、強固な身分制度が敷かれるなど、中世を引きずっていたが、一方で資本主義の社会になっていたのである。

「金が敵の世の中」「金はあの世の土産にならぬ」ということわざもある。「金が敵の世の中」は「金が恨みの世の中」ともいい、「人間は金に苦しめられる。敵は金である」という意味。「金はあの世の土産にならぬ」は、先の「地獄の沙汰も金次第」とは逆のことわざで、「金はあの世まで持っていけないのだから、生きている間に有効に使ったほうが良い」という意味。醒《さ》めた金銭観である。

江戸時代に生まれた芸能に落語がある。

歌舞伎、とくに幕府公認の大芝居の入場料は高かったが、落語は話を語って聞かせるだけで、仕込みに金がかからないから、料金は安かった。そのため、庶民の居住区にたくさんの寄席ができた。つまり、落語は下層庶民の娯楽である。

金銭を扱った落語もたくさんある。

たとえば『芝浜』。朝、魚屋が芝の魚市場へ買い出しに出掛ける。芝の魚市場は江戸で最初に作られた魚市場で、江戸湾で獲《と》られた小さな魚ばかり扱ったので、「雑魚場《ざこば》」といわれた。女房が時間を間違えて起こしてしまい、夜の明けないうちに市場に着いてしまったため、仕方なく海岸へ出たところ、財布を拾った。中身を見ると、何と五十両という大金。家に飛んで帰った。そして、近所の友達を呼び、飲めや歌えの大騒ぎ。酔っぱらって寝てしまった。夕方、目を覚ましたが、女房は「明日早くから商売にいかなくてはいけないから、早く寝なさい」と言う。「ばか言うな。今朝拾った五十両がある。今日の支払いもそれで払えばいい」「えっ、五十両？　どこにそんな金があるの」「俺《おれ》が芝浜で拾ったやつ」「何言ってるの、今朝、芝浜になんか行ってないよ。情けないね、いくら貧乏しているからといって、金を拾った夢を見るなんて」「え、夢」。つまり、亭主に怠け癖がつくのを心配した女房が「夢を見たのでは」と言いくるめたのだが、自分の根性を情けなく思った魚屋は好きな酒もすっぱりやめて仕事に精を出した。そのため、三年後には小さいながらも店を持つようになった、という話である。

「稼ぐに追いつく貧乏なし」ということわざは「仕事に精出せば、貧乏しなくても済む」という意味だが、その実践のような話である。

『文七元結《もっとい》』の主人公は左官屋。腕は良いのだが、無類の博奕《ばくち》好きで、借金が嵩《かさ》んでいる。賭《と》場《ば》から長屋へ戻ると、娘のお久がいなくなっていた。そこへ吉原の遊廓から使いが来たので行ってみると、お久がいた。おかみさんは、お久が「父親を助けるために、身売りしたい」と言って訪ねて来たので、「一年間の女中奉公を条件に、五十両貸すことにした。返金がない時はお久を女郎として店に出す」という。江戸時代、色里は江戸中にあったが、吉原は江戸で唯一の幕府公認の遊廓。おかみさんは左官屋を立ち直らせるため、そうしたのである。吉原からの帰り、左官屋が吾妻《あづま》橋までくると、男が身投げしようとしていた。あわてて止めて、訳を聞くと、文七という名の鼈甲《べっこう》屋の奉公人で、「さる屋敷へ集金に行ったが、帰る途中、金を掏《す》られてしまった。店に顔向けできないから、大川（隅田川）に身投げする」という。押し問答の末、左官屋はその男に五十両を押しつけ、逃げるように走り去った。「五十両なければ男は死んでしまう。五十両を返せなくても娘・お久は死ぬわけではない」と考えたのである。

「悪銭身につかず」ということわざがあるように、博奕などで儲けた金は結局、身につかない。先ほどの『芝浜』の魚屋は賢い女房がいたため、変な所に金を遣わず、逆に反省して働き、少額だが金を貯《た》めた。『文七元結』の左官屋は咄嗟《とっさ》に、「金より尊いものがある」という、庶民の素朴な心情に従ったのだろう。

『芝浜』も『文七元結』も現実にはあり得ない話で、いわばメルヘンである。そのような話が受けたということは、庶民の多くは「そうありたい」と考えていた証左だろう。落語の主人公たちも、江戸時代の現実の庶民も金銭観は健康的だった。

第三章　商人の興亡

経済の面から江戸時代を見ると、自給自足経済から貨幣中心の経済への過渡期にあった。経済の中心は米で貨幣の役割も果たしていたが、一般的な商取引はすべて貨幣で行われるようになっていたのである。

徳川幕府の経済政策の基本は重農主義で、進行する貨幣経済化を押しとどめることに主眼が置かれた。安永元（一七七二）年から天明六（一七八六）年まで老中を務めた田沼意次《おきつぐ》による重商主義的政策だけが特異だったのである。

前述したように、延宝から元禄（一六七三～一七〇四年）に至る元禄時代といわれた時期、経済力を持つ庶民も現れ、消費力・購買力が高まった。消費力・購買力が高まると買いたい商品が不足するため、物価は上昇した。

一方、開拓が進んで米の栽培地は拡《ひろ》がり、栽培技術も向上したので、米は増産となった。こうして、享保期（一七一六～三六年）に入ると、米の価格だけは値下りするという現象が起きた。

幕府・各藩の財政も武士の禄《ろく》（給料）もほとんどは百姓が納める年貢によっていたが、諸物価が高騰し、米価だけ値下りしたことで、幕府・各藩の財政は危機に陥り、武家の生活も苦しくなった。

　こうして、八代将軍・徳川吉宗による享保の改革が始まった。吉宗が目指したことをひとことでいえば、諸物価の価格を下げ、米価だけを上げることだった。換言すると、徳川家康が生きていた時代の経済に戻すことだった。

　しかし、世の中は資本主義の色が濃くなっており、物価を人為的にコントロールすることが難しくなっていた。そのため、享保の改革は延々と続いたのである。

　その後も幕府・各藩の財政危機は再燃し、その度に改革が行われた。寛政の改革、天保の改革で、二つの改革は吉宗による享保の改革を手本にした。つまり、三大改革の目的は資本主義化の阻止である。

　そうした流れの中で、大店《おおだな》は幕府・各藩の動向を注視しながら店を経営したが、対処を誤り没落した店とうまく泳いで生き残った店に分かれた。また、大衆の好みをキャッチし、独自の工夫をして、新しく成長してきた店もあった。

　この章では、商人の興亡、商人の暮らしなどについて述べる。

一、豪商の没落

1、淀屋《よどや》の創業と繁栄

大阪の北区中之島と中央区北浜の間に淀屋橋という名の橋が架かっている。その名は、江戸時代初期、豪商の淀屋が自費で橋を架けたことから来た。

淀屋橋を架けた淀屋は二代目だが、創業者はその親の初代で、豊臣秀吉が権力を握っていた時代、大坂で商売を始めた。

初代淀屋は岡本与三郎を名乗る武士だったが、戦いに敗れ、天正十三（一五八五）年、大坂・十三人町《じゅうさんにんちょう》（中央区北浜四丁目）に材木店を開き、名を常安《じょうあん》と変えた。

二年前の天正十一（一五八三）年、秀吉は石山本願寺の跡地に大坂城の築城を開始し、一年半後に本丸が完成した。つまり、常安は大坂の町の形成期に店を開いたわけで、材木の需要はいくらでもあり、常安の店はまたたく間に発展した。

文禄三（一五九四）年、秀吉に命じられ、伏見《ふしみ》城の築城工事に参加。続いて、淀川の堤の普請、中之島の造成も行った。屋号の淀屋はそこから来ている。

淀屋は米の売買にも乗り出し、秀吉から加賀・前田家の米の販売を認められた。米の販売に関連する海運業・倉庫業も始めた。

秀吉が歿《ぼっ》し、秀頼があとを継いだ。秀頼に見切りをつけた常安は、元和元（一六一五）年の大坂夏の陣の時、徳川家康のもとに馳《は》せ参じ、茶臼山《ちゃうすやま》・岡山口の陣地を構築した。夏の陣は徳川方の勝利に終わったが、常安は家康に合戦の後片づけを申し込んで認められ、打ち捨てられた武器・鎧《よろい》などを集めて巨大な利益を得た。

西日本の各藩だけでなく、日本海側の各藩も北前船で大坂へ米を送って販売するようになった。淀屋は幕府の許しを得て、各藩の米の販売権を得た。

大坂にはほかにも大商人はいたのだが、ほかの商人はリスクを考え米の販売を躊躇《ちゅうちょ》していた。しかし、淀屋は米を一手に買い受け販売した。大坂の米市は十三人町の淀屋の屋敷で行われ、その米市を「北浜の米市」「淀屋の米市」といった。つまり、大坂へ送られた米の多くは淀屋の手で販売されたのである。

淀屋の二代目は、本名を言當《げんとう》、通称を三郎右衛門といったが、三郎右衛門は初代の常安に勝るとも劣らない商才を発揮し、徳川家だけでなく各藩の大名とも結びついて事業を拡大した。

諸藩が大坂へ送った米を管理する施設を蔵屋敷といったが、初期の蔵屋敷は中之島にあった。もともと淀川の中洲《なかす》だった中之島は大坂湾に入った船の荷を下ろす場所として最適で、蔵屋敷が立ち並んでいた。二代淀屋はその中之島と自分の屋敷がある北浜を繋《つな》ぐ橋を自費で架けた。それが前述した淀屋橋である。

井原西鶴の『日本永代蔵』（前出）の巻一に「惣じて北浜の米市は、日本第一の津なればこそ、一刻の間に、五万貫目のたてり商もあることなり」と出てくる。「たてり商」は「売り手・買い手が立ち会って行う取引き」をいう。

のちに大坂の米市場は堂島に移転したが、北浜の米市場はその前身である。

米はほかの商人も扱うようになったが、二代淀屋（三郎右衛門）はその商人を相手に両替屋も始めた。三郎右衛門はまた、京橋南詰の所有地に青物（野菜）を扱う商人を集めて市を開いた。これがのちに移転して天満の青物市場になる。

ただ、『日本永代蔵』が出版された貞享年間（一六八四〜八八年）には淀屋の商売の中心は金融業になっていた。世は資本主義の度合いを強めていたのである。

つまり、初代・二代の淀屋は徳川家の庇護《ひご》を受けながら、次々と新事業に乗り出し、大坂一の大商人となり、江戸時代初期の大坂経済を牽引《けんいん》したのである。

こうして大坂は、西日本や日本海側の物資の集約地、新しい首都である江戸に物資を送る基地となり、日本経済の中心地となった。

淀屋の三代目（箇斎《かさい》）は父の業績を顕彰するため、自分も三郎右衛門を名乗った。そのため、三郎右衛門という名は淀屋の当主を表す名跡《みょうせき》となり、四代目（重當《じゅうとう》）、五代目（廣當《こうとう》、幼名辰五郎）に引き継がれていく。

2、奢侈《しゃし》を理由に闕所《けっしょ》・所払い

淀屋の経営は順調に推移しているかに見えた。

ところが、宝永二（一七〇五）年五月、淀屋は突如、闕所（全財産没収）・所払い（追放）の刑に処せられる。五代目の三郎右衛門が店を受け継いだ七年後だった。

理由は「驕奢《きょうしゃ》」「奢侈」。「驕」も「奢」も「おごっている」という意味で、要するに「驕《おご》り高ぶって」「贅沢《ぜいたく》をした」ということ。

淀屋はうなるくらい金を持っていた。確かに贅沢をしていただろう。しかし、何をもって驕奢・贅沢というのか、ということは基準がない。現代の資本主義社会では、贅沢は推奨されても、非難されることはないが、理不尽にも処分されたのである。

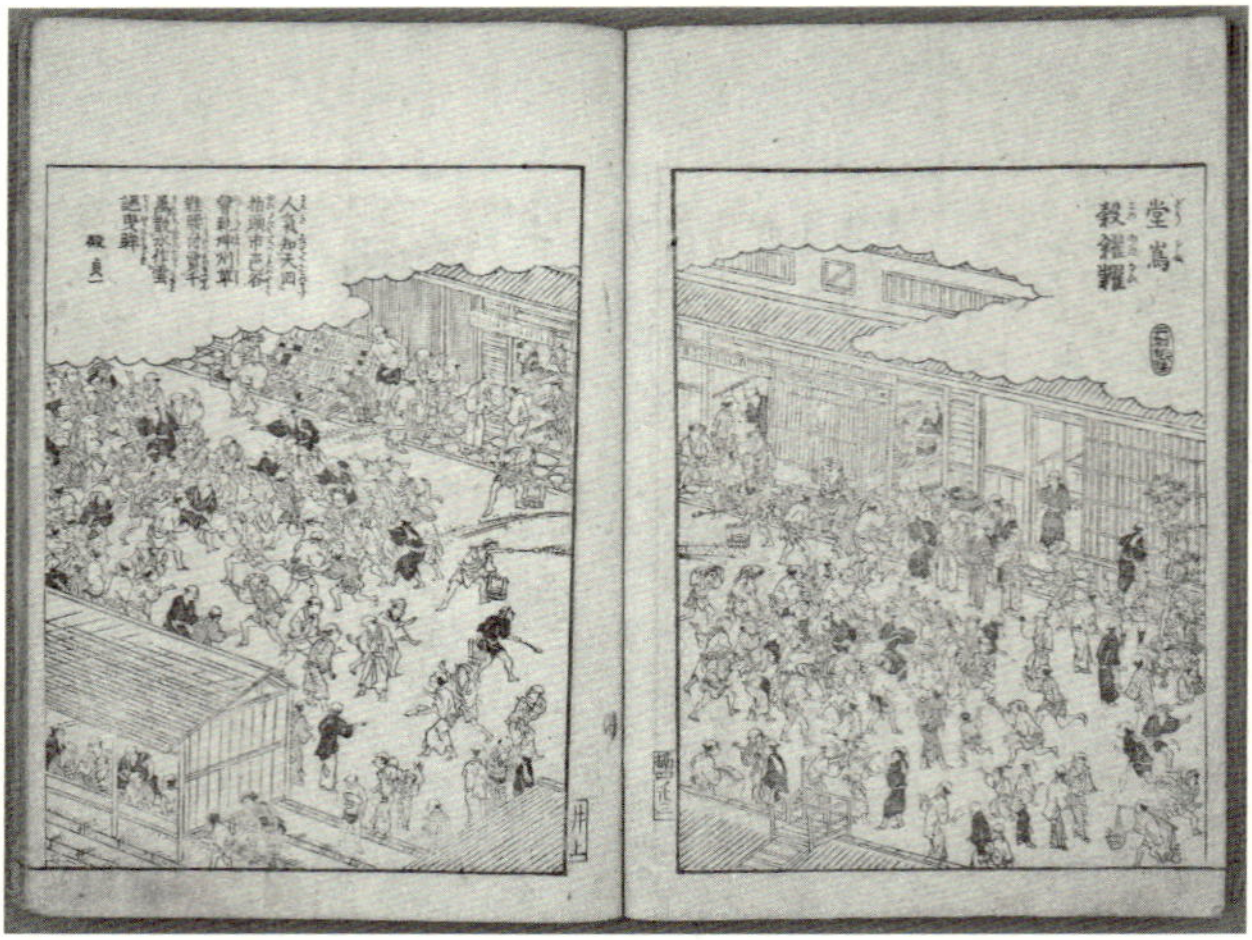

米市　『摂津名所図会・堂島穀あきない』

当時は、幕府の一存で、死刑にすることも、報償を与えることもできた。そのため、淀屋が闕所・所払いになった真の原因は膨大な「大名貸し」ではないか、というのが定説である。大名貸しとは商人が大名に資金を貸すことをいうが、淀屋は各大名に「凡《およ》そ一億貫目」の金を貸していたという。

淀屋は幕府に取り入って大金持ちになった。三代目以降も幕府を頼って商売していた。現代もバブルが崩壊したあと、公共工事ばかり行っていた土木・建築業の倒産が相次いだ。それと同じで、淀屋は権力に寄生した商売の危険性に気づいていなかったため、取り潰《つぶ》されたのである。

この時期には、米価がコントロールでき

なくなっていた。

初代の頃、淀屋の一番の収入源は米相場で、その差益で資本を蓄えてきたのだが、目先のきくほかの商人は米相場の乱高下を黙って指を咥《くわ》えて見てはいなかった。米相場に介入して「空《から》米《まい》取引き」をする商人も現れたのである。

淀屋が闕所・所払いになる十五年前、元禄三（一六九〇）年に幕府は空米取引きをした商人を闕所処分にしている。元禄期には幕府も淀屋などの大商人も米の値段をコントロールできなくなっていたのである。

淀屋の処分のおよそ十年後、八代将軍・吉宗による享保の改革が始まる。なぜ改革しなければならなかったのかについては、「享保の改革」の項（四五頁）で述べたが、改革の目的は幕府の財政再建である。「米将軍」といわれたように、吉宗は米価の安定に力を尽したが、うまくいかず、改革は泥沼に嵌《はま》り込んで延々と続いた。

つまり、淀屋は「高度成長期」から「長期不況期」に切替る時期に処分されたのである。

二、三井が大成長した理由

江戸時代は金持ちを「分限」「長者」といった。では、分限と長者はどう違うのか。

井原西鶴は『日本永代蔵』巻一で、「惣じて、親のゆずりをうけず、其身《そのみ》才覚にしてかせぎ出し、銀五百貫目よりして、これを分限といへり。千貫目のうへを長者とは云なり」と書いた。「親のゆずりをうけず」という所が重要である。自らの創意工夫で、銀五百貫目貯《た》めた人を分限、千貫目貯めた人を長者という、と言っている。

『日本永代蔵』は現代ふうにいえばモデル小説で、同じ巻一に越後屋が出てくるが、越後屋は毎日「金子《きんす》百五十両」の売り上げがあったという。越後屋呉服店・両替店の創始者である三井高利は長者の代表である。

しかし、前述した淀屋のように、江戸時代は一旦《いったん》金を遺《のこ》しながら、没落した家はたくさんある。この項では、三井高利はどうして長者になれたのか、三井家はなぜ明治まで生き残れたのか、という二つの問題について書く。

1、越後屋の新商法

三井高利の親・高俊は伊勢・松坂（三重県松阪市）で、質屋と酒・味噌《みそ》の小売業を始めた。しかし、商売が好きではなかったようで、連歌・俳諧《はいかい》などの遊芸に熱中した。その高俊に代って妻・珠法《しゆほう》が商売を取り仕切った。

高俊・珠法夫妻には四男四女（合わせて八人）の子がいた。三井家の祖・高利はその末弟（四男）で、元和八（一六二二）年生まれ。

高俊の長男・俊次は寛永年間（一六二四〜四四年）の初め、江戸へ出て、本町に小間物屋（のち呉服店）を開業した。三男・重俊も江戸へ出て、長兄の店を手伝ったのち独立し、中橋で呉服店を営んだのち、長兄の店を任される。

末弟の高利は寛永十二（一六三五）年、わずか十三歳（以下、満年齢）で江戸へ出て、長兄の店を手伝い、十七歳の時には三男の店を任される。

ところが、二十七歳の時、母の面倒を見るため、松坂へ帰る。この時、かね（寿讃）と結婚し、男十人、女五人、計十五人もの子に恵まれる。松坂で営んだ商売は主に金融業だった。

高利が松坂で営んだ事業を記録した『万借帳』『万覚帳』という記録が遺っているが、高利が主に行った商売は大名を対象にした「大名貸し」である。のちに詳述するように、越後屋は

「大名貸し」を警戒した。それと矛盾するようだが、江戸時代初期、金を持っているのは武士だけだったから、背に腹はかえられなかったのである。

延宝元（一六七三）年、長兄・俊次が亡くなった。この年、高利は五十一歳。四十歳を過ぎれば引退してもおかしくない時代だったが、高利は江戸進出を決意する（二十歳の長男・高平、十九歳の二男・高富、十六歳の三男・高治はすでに長兄の店で働かせていた）。

そして、少しあと、本町一丁目に間口九尺の店を借り、その店に二男を配し、自身は京へ出て、間口八尺の店を借り、江戸から長男・高平を呼び寄せて、仕入れ店とした。

第一章に書いたように、江戸時代初期は衣料革命の時代だった。庶民も木綿の着物を着るようになった時期に越後屋は呉服店を開店したのである。

当時、大店の売り方は「見世物売」「屋敷売」だった。見世物売は、顧客を訪ね、色・柄などの注文を聞き、それに基づいて着物を作製し、納品する、という方法。屋敷売は店が推薦する商品を顧客の所へ持っていき、ゆっくり見てもらい、後日、客が要らない商品のみ回収する、という方法。ともに高位の武士を相手にした商売だから、利潤は大きかった。反面、代金の受け取りは江戸では盆と正月の前の二節季だから、資金の回転率は悪かった。

それに対し、越後屋の売り方は「店先売《たなさき》」「諸国商人売」である。店先売は顧客に店まで来てもらって売る方法、諸国商人売は地方の店に商品を卸すことをいう。

前述したように、『日本永代蔵』に越後屋が出てくる。刊行時、越後屋は創業から十五年が経《た》っていた。西鶴は大坂で生まれ生活したが、越後屋の成功は大坂にも伝わっていたのである。『日本永代蔵』の中で西鶴は越後屋が成功した理由として、①現金掛値なし、②専門知識を持つ手代にそれぞれの織物を担当させたこと、の二つをあげている。

では、「現金掛値なし」とは何か。

「掛取り・節季」の項（一九七頁）で後述するように、当時は一部を除いて掛売（付売）だった。人口の八十数パーセントを占めた農民に金が入ってくるのは、年一回、農産物を収穫したあとだけ。また、「武士の給料」（一五二頁）で後述するように、武士は年何回かに分けて禄米《ろくまい》を受け取った。つまり、現代のサラリーマンのように、金が毎月入ってくる人は少なかったのである。

そのため、店は売った物を帳面に付けておき（「付け」といった）、年数回または二回の節季で回収した。西鶴は小説家の面が知られているが、実は俳諧師から出発した。その西鶴に、

大晦日《おおみそか》定めなき世のさだめ哉《かな》

という俳諧がある。「世の中は常に変化しているが、大晦日には約束事がある」という意味。節季の中でもとくに重要な大晦日は必死の攻防が展開された。

つまり、付けは集金できない可能性もあった。そのため、売り手はリスク分だけ売値を高く設定したのである（「掛値」という）。

また、前述したように、ほかの呉服店は、品物を担いで消費者の所へ行き、品物を売っていた。つまり、外商だったわけで、人手が多数要る。

それに対し、越後屋は、顧客に店へ来て品物を見てもらい、品物と引き換えに現金を受け取る、という方式に変更し、値段を安く設定した。売掛けのリスク分と店員が外へ出掛けなくても良くなった分、値段を下げることができたのである。

また、「江戸時代の貨幣」の項（六五頁）に書いたように、江戸時代は商人の言い値で買う人はおらず、値引きさせて買った。それに対して、越後屋は値引きしないで売ったのである（「正札販売」という）。

越後屋はそのほか、次のようなこともやっている。

一つは、広告・宣伝。「現金掛値なし」を大書きした引札（ちらし）を大量にばら撒《ま》き、雨の日には屋号を大きく書いた傘を貸し出した。越後屋は不特定多数の人に店まで来てもらうという商法だから、宣伝はとくに大切である。もちろん、傘は返ってこないこともあったが、屋号の入った傘を差してもらうことで宣伝になった。

二つは、顧客が必要とする分だけ、反物を切売したこと。

三つは、着物を仕立てる職人を抱えて、すぐに仕立てたこと。つまり、オーダーメイドだが、おそらく越後屋が世界で初めて行ったのだろう。

四つは、仕入れてから三十日経って売れ残った物、傷物を特価販売したこと。現代のバーゲンセールである。

五つは、豊富な品揃《ぞろ》え。

六つは、卸売をしたこと（前述）。自分の店で小売しただけでなく、地方の商人にも卸売をしたのである。

先に、「越後屋は京の店を仕入れ店にした」と書いた。五と六はしっかりとした仕入れ先を確保していなければ成りたたない。

つまり、三井高利は長期の戦略に基づいて、ほかの店でやっていない新商法を編み出したのである。天才的な商人と言っても過言ではない。

越後屋の建看板　北斎『富嶽三十六景・江都駿河町三井見世略図』　山口県立萩美術館・浦上記念館蔵

こうして、越後屋は有名店にのし上った。成功をやっかむ同業者の苛《いじ》めに遭い、創業から十年後の天和《てんな》三（一六八三）年に、本町の少し南に位置する駿河町へ移転した。その時、隣に両替店も開業し、呉服と金融の二つを生業《なりわい》とした。以降も快進撃を続け、創業五十周年の享保年間（一七一六〜三六年）には、京に五店、江戸に三店、大坂に一店、計九店の呉服店を展開する豪商に大発展した。従業員数は六百八十三人だったという。また、両替店も江戸・京・大坂にあった。

とくに、世界一の大都市、江戸・駿河町の越後屋は有名で、たくさんの浮世絵に描かれた。葛飾北斎の『富嶽三十六景・江都駿河町三井見世略図』に出てくる縦長の看板（建看板）にも

越後屋の店頭　政信『駿河町越後屋呉服店大浮絵』

「現金／無掛値」と書かれている。

2、大名貸し

越後屋には、前述の『万借帳』『万覚帳』のほか、いくつかの史料が遺っている。元禄七（一六九四）年に高利が遺した遺訓の『高利遺書（宗寿居士古遺言）』、それを二代・高平（宗竺《そうちく》）が補充して享保七（一七二二）年に成立した『宗竺遺書』、高利の三男・高治が著した『商売記』、三代・高房が二代・高平に聞き享保後期（一七三〇年前後）に編集した『町人考見録』である。

そのうちの『町人考見録』は、金持ちの町人がどのように没落していったのかを記した書で、四十八人の商人が取りあげられている。商人が年貢米を担保に大名家に金を貸すことを「大名貸し」

といったが、没落した四十八人のうち、三十人ほどは大名貸しで被害に遭っている。

その手口は次のようなものだった。初めは素直に返金しても、あとになると、江戸藩邸で臨時の出費があった、幕府から工事を命じられたなどと言って返金せず、借入は次第に増える。そうなると、担保である廻米《かいまい》を大坂へ送って換金するのではなく、領内で換金してしまう。つまり、担保を押えられなくするのである。

返金が滞ったら、損を覚悟で、早いうちに手を切ってしまえば少額の損金で済む。しかし、留守居役など、大名家の役人は、元金をおとりにして甘言を用いて罠《わな》にかける。結局、貸し出しが増加して、大損をする。

商人を家来に取り立て、禄（扶持米《ふちまい》）を与える大名家もあった。そして、次第に扶持米を減らし、終《しま》いには与えなくなる。そのため、訴訟を起こすと、「家来の分際で、主君を訴えるとはけしからぬ」と家来扱いして返そうとしない。

つまり、大名貸しは博奕《ばくち》のようなもので、損する確率が高いから、やらないほうが良い、というのである。『町人考見録』に「其内、分《わけ》て細川家は前々より不埒《ふらち》なる御家柄にて、度々町人の借銀断（踏み倒し）これあり」と出てくる。肥後（熊本県）の細川家がとくに悪辣《あくらつ》、ということである。

越後屋が大名貸しを警戒したのは有名で、そのため、「越後屋は大名貸しを行わなかった」と書いている本もあるが、実際には、警戒したものの、大名貸しを行っていた。相手は紀州徳川家などである。

越後屋は幕府の御用商人だった。貞享四（一六八七）年に「払方御納戸御用」、元禄二（一六八九）年に「元方御納戸御用」を命じられている。払方御納戸御用は大名・旗本へ下賜する金品を調達する部署、元方御納戸御用は将軍の衣服などを担当した。そのため、大名貸しをまったくしないわけにはいかなかったのである。

越後屋は幕末、薩長土肥《さっちょうどひ》の勤皇方に味方したという。崩壊の直前まで、一般人は幕府が倒れると思っていなかったが、越後屋は「幕府は早晩倒れる」と判断し、薩摩に討幕資金を貸していた。慶応四（一八六八）年の鳥羽・伏見の戦いの時、越後屋は薩摩から依頼されて、千両を献納している（現金を大八車に積んで官軍からの知らせを待っていたとも伝えられる）。

つまり、大名に貸す時も、相手を選び、八方手を尽して調査し、時勢を読んで貸し出したのである。権力者相手の商売もしたが、それだけに依存せず、地道に一般の顧客を拡げていった、という言い方もできる。

三、奢侈禁止令と町人の工夫

1、度重なる贅沢禁止令

幕府は厳しい身分制度を敷いたが、江戸時代は身分によって着られる素材・色が決まっていた。たとえば、幕府が発足したばかりの元和元（一六一五）年に定められた武家諸法度に「白綾は公卿以上、白小袖は大夫以上の着装を許す。紫袷《あわせ》、紫裏、練、無紋小袖は幕府の許可なしに着てはいけない」（現代語訳）とある。

これは武家に対する命令だが、百姓が着て良い着物については、寛永五（一六二八）年の定書《さだめがき》で「百姓之着物之事、百姓分之者ハ布（苧麻《ちょま》）・木綿たるべし。但《ただし》、名主其他百姓之女房ハ紬《つむぎ》之着物迄《まで》は苦しからず」と規定した。また寛永十九（一六四二）年の覚書《おぼえがき》では「庄屋は絹・紬・布・木綿を着すべし。わき百姓は布・もめんたるべし」と細かく規定した。

また、寛文八（一六六八）年に「町人の衣類、上下、その分限に随《したが》って、倹約を守ること」（現代語訳）という節約令を出した。さらに、三〇頁で前述したように、天和三（一六八三）年の婦女衣服令で、金紗《きんしゃ》・縫物・総鹿子《かのこ》を禁止した（『徳川実紀』に拠《よ》る）。

このように、幕府はたびたび奢侈（贅沢）禁止令を発して、着物の材質や色などを規制した。なぜ贅沢を禁止したのか、というと、米の価値を高めるため、ほかの物の物価を下げなければならないが、庶民が贅沢をしているため物価が上昇すると考えたのである。

江戸時代の流行は大概、歌舞伎《かぶき》から始まったから、幕府は「歌舞伎が贅沢を煽《あお》っている」と考え、歌舞伎を目の敵にして取り締まった。たとえば、寛文八（一六六八）年、江戸の堺・木挽《こびき》町の芝居（歌舞伎）と遊廓《ゆうかく》の新吉原に、衣服の華美を戒める法令を出した。

2、友禅の開発

ところが、庶民はしたたかで、おとなしく幕府の命令に従っていなかった。華美を禁じる法令の抜け道を探し出し、それに抵触しない新しい染色法を工夫したのである。現代もよく知られる友禅染も禁令を掻《か》い潜《くぐ》る工夫から生まれた。

第一章（三〇〜三二頁）で述べたように、江戸時代初期の着物の染めは単色で、金紗・縫い（刺繡《ししゅう》）などで豪華さを表現した。それに対して、友禅染は金紗や縫いをせず、複数の色で染め、豪華さを表したのである。

以前は複数の色で染めると隣り合う色どうしが混ざってしまったが、それに対して友禅染は、色が混ざらないよう、絹地に紋様の輪郭を描き、輪郭線に糊《のり》を置いて、筆や刷毛《はけ》で色を挿した。そういう染め方を「手描き友禅」といったが、その「友禅」は浮世絵師の宮崎友禅斎を指す。

友禅斎は扇絵などを描いて人気があった絵師で、井原西鶴の『好色一代男』にも出てくる。生《せい》歿《ぼっ》年は不詳だが、初めは僧侶《そうりょ》をしていたようだ。

友禅斎の人気に目をつけた京都のある呉服屋が小袖の模様を描かせた。そのため、この染色に彼の名が冠せられたが、友禅斎は原画を描いただけだから、現代でいうデザイナーである。染め方を工夫したのは職人だろう。

友禅染は肩と裾《すそ》に花丸（円形の中に花をあしらった文様）模様などを染め出した。金紗・刺繡・総鹿子は大変な時間と労力を要する。しかし、友禅染は制作時間が短く人手も少数で済むため、金紗・刺繡を施すより、安価で販売できる。また幕府が嫌う派手さも抑えられる。

こうして、友禅染は大流行し、その技術は江戸や加賀（石川県）などへ伝わった。江戸の友禅を江戸友禅、加賀の友禅を加賀友禅という。

江戸の染物屋は日本橋や神田にあったが、延宝元（一六七三）年に江戸へ進出した越後屋が神田川上流の現在の高田馬場に染物工場を造った。そのため、江戸友禅はその辺りで制作された。なお、元禄七（一六九四）年刊、井原西鶴『西鶴織留《おりどめ》』巻二に「書き絵小袖」を考案し、にわかに産をなした京・室町の絹商人・菱屋《ひしや》の手代の話が出てくる。

友禅の模様　『納戸縮緬地宇治橋模様小袖』　東京国立博物館蔵　Image:TNM Image Archives

3、江戸鹿子

歌舞伎役者が工夫したと伝えられる染物もある。友禅染とほぼ同時期、貞享から元禄にかけて流行《はや》った江戸鹿子は、歌舞伎の女形・二代伊藤小太夫（?～一六八九年）が京の鹿子染を基にして考案したとされる。「鹿子」は子鹿の背中にある白い丸のような模様をいう。小太夫はもともと上方の役者で、寛文（一六六〇年代）の初め頃、江戸に下った。当時、京の鹿子染は白い丸を一つ一つ絞って染めたため、手間がかかり、高価だった。しかし、小太夫は、紙型を使って一度に染めて手間を省くことを考案したため、安価に提供できた。

もう一つ工夫したのは色で、京の鹿子染は赤味の強い紅鹿子だったが、小太夫は赤味を落とし青味を強めて染めた。

つまり、安価であること、青味の強い紫（のちに「江戸紫」といわれた）であることが江戸の庶民に受けて大流行した。その小太夫が考案した鹿子染を上方では江戸鹿子と呼んだのである。

安永三（一七七四）年刊『役者全書』に「貞享・元禄の始、伊藤小太夫と云《いふ》女形、江戸にて此鹿子染を着たり。大にはやり、是、京大坂にてハ江戸かのこといふ」とある。

また、元禄五（一六九二）年刊『女重宝記《ちょうほうき》』に「時のはやり模様は大方、歌舞妓芝居より出《いづ》るなれば、これを好み着給ふも、破手（派手）にみへて悪《あ》しし」と出ている。

つまり、徳川幕府が誕生して百年も経っていない元禄期には早くも、一般人が歌舞伎の舞台衣裳《いしょう》を真似《まね》て着るようになっていた。歌舞伎役者は江戸時代のファッション・リーダーだったのである。

4、歌舞伎から生まれた流行らせた色

歌舞伎から生まれた流行はたくさんある。着物の色と模様、その装飾品、食べ物などだが、ここでは色に限って述べたい。

「四十八茶百鼠《しじゅうはっちゃひゃくねずみ》」という言葉がある。江戸時代の流行色を表した言葉だが、色は染め方によって微妙に変えられるので、数に拘《こだわ》る必要はない。要するに、茶と鼠に近い色が大流行したということである。

江戸時代は庶民が派手な色の着物を着ることが禁止されていた。そのため、茶色・鼠色・藍《あい》系統の色など、地味な色を使いながらも、微妙に色調を変えて、さまざまなバリエーションを編み出したのである。

「四十八茶」の中でも江戸でとくに流行したのは団十郎家の団十郎茶である。柿渋で染めた柿色といわれる色で、団十郎家は江戸歌舞伎を代表する家で、各代とも人気があったため、団十郎茶は江戸時代を通じて流行った。

女形では、二代瀬川菊之丞の路考茶も知られる。路考は菊之丞の俳名（俳諧の名前）で、路考茶は鶯《うぐいす》の羽の色に近いくすんだ地味な色をいう。

宝暦十三（一七六三）年、市村座『封文栄曾我《ふうじぶみさかえそが》』の八百屋お七の下女・お杉の役で、二代菊

之丞は緑に黒茶が混じった鶯茶の衣裳を着た。

この色は馬糞《ばふん》の色に似ているため、糞色といわれ、以前は良いイメージを持たれていなかったが、菊之丞の人気は凄《すさ》まじく、流行色になってしまったのである。

路考茶は式亭三馬の『浮世風呂』に出てくる。平賀源内も明和六（一七六九）年刊の『根無草』に「帽子に瀬川の名目あれば、染物に路考茶あり」と記している。

三・四・五代の菊之丞も名優だったため、路考茶の流行は江戸だけでなく上方にも及び、文化文政期（十九世紀初め）まで廃れなかった。

五代岩井半四郎の岩井茶は葡萄《ぶどう》色とも鼠色とも茶色ともいえる色。

文政五（一八二二）年、半四郎は市村座の立女形《たておやま》を務めた。同じ年、長男二代粂三郎（のち六代半四郎）は中村座の、次男の初代紫若（七代半四郎）は森田座の立女形を務めた。三つしかなかった江戸の大芝居（幕府公認の劇場）の立女形の位置を半四郎親子が独占したのである。

五～七代半四郎は幕末まで人気があったため、岩井茶も幕末まで人気を保った。

初代尾上菊五郎の梅幸茶も有名である。

梅幸は初代菊五郎の俳名。初代菊五郎は二代菊之丞とほぼ同時期の役者で、享保から安永期（一七三〇～八〇年代）にかけて活躍した。

その名を継いだ三代尾上菊五郎も文化～天保期（一八〇四～四四年）にかけて人気があったため、梅幸茶は後期にも流行った。

幕末に刊行された『守貞謾稿《まんこう》』に、「京坂にて芝翫《しかん》茶・璃寛《りかん》茶・市紅茶・江戸の路考茶・梅幸茶等は、文化・文政・天保の頃の芝居俳優の名にて、当時行はれ、婦女用ひたる由を聞く」とある。

上方で流行った芝翫茶は三代中村歌右衛門が衣裳に使った紫みのある淡い茶色。このほか、役者が衣裳に使って流行した色に、五代市川団十郎の升花色、四代松本幸四郎の高麗屋納戸、二代嵐吉三郎（初代璃寛）の璃寛茶、五代市川団蔵の市紅茶などがある。

文化十三（一八一六）年頃成立の『世事見聞録』には「今の芝居は世の中の物真似をするにあらず。芝居が本となりて、世の中が芝居の真似をするやうになれり」とある。つまり、「歌舞伎が世の中の真似をするのではなく、世の中が歌舞伎の真似をするようになった」と言っている。

九州・肥前の平戸藩（長崎県）九代目藩主の松浦《まつら》静山が文政四（一八二一）年から天保十二（一八四一）年まで、二十年間に亙《わた》って江戸の屋敷で記録した『甲子《かっし》夜話』にも「役者女形は歴々の奥方の体を似せることとなりしが、今は歴々の奥方、役者女形の真似をして……」とある。

「昔は歌舞伎の役者が歴々（位の高い武士）の奥方の着る物を真似ていたけれど、今は位の高い武士の奥方も歌舞伎役者の衣裳を真似するようになってしまった」と言っている。

つまり、初期は歌舞伎の側が世の中の真似をしたのだが、次第に立場が逆転し、早くも元禄期（十七世紀末）には、世の中が歌舞伎の真似をするようになっていた。

「歌舞伎の歴史は弾圧の歴史」といわれるように、江戸時代は歌舞伎に対する弾圧が繰り返された。とくに多かったのが、贅沢を理由にした弾圧で、有名な役者で「御咎《おとが》め」のなかった役者は皆無、と言っても過言ではない。

しかし、役者は投獄されても、手鎖の刑に処せられても、罰金をくらっても、「贅沢」な衣裳・小道具の使用を止《や》めなかった。なぜか。

既述したように、歌舞伎は江戸時代から職業芸能・商業芸能だった。現代は当たり前のことだが、芸を売り、その対価として金銭を得て生活したのである。

言い換えると、人気のない役者は食べていけないということである。そのため、人気を得るため、さまざまな工夫をしたが、中でも一番重視したのが衣裳や小道具の選定だった。江戸時代の役者の芸談を読むと衣裳や小道具を工夫した話がよく出てくる。

観客は、役者の使っている衣裳や小道具を見て、良い役者かどうか評価した、ということである。換言すると、観客は役者の使用している物で、役者の審美眼を評価した。

人間は八十パーセント以上、目で情報を得るという。したがって、演劇で一番大切なのは見た目で、せりふ術の優劣や声の良し悪しはその次になる。

昔、「芸能人は歯が命」というコマーシャルがあったが、「歌舞伎役者は衣裳や小道具が命」だった。武士の魂が刀であるならば、役者の魂は衣裳であり小道具である。

「物好き」という言葉がある。これは本来、褒め言葉で、「物に特別な趣向を凝らすこと」をいった。日本人は物に特別な愛着を持ち、特別な趣向を凝らして愛玩《あいがん》してきたのである。

つまり、良い衣裳、良い小道具を使わないと役者は人気が出なかった。役者も幕府が「使うな」と言っている物を使うのは怖いのだが、人気のことを考えると背に腹はかえられず、手鎖や牢屋《ろうや》に入ることを覚悟して良い衣裳や小道具を使った。

四、近松作品と金

演劇は時代を映す鏡である。

文学・美術の成立に読者・観覧者は必要ではない。たとえば、日記は一般的に読者を想定せず書くが、のちに文学として高く評価されるものもある。その一例に『アンネの日記』がある。ゴッホの絵は生前に一枚しか売れなかったという。鑑賞者がいなかったわけで、評価が高まったのは歿後《ぼつご》である。

しかし、演劇（広くいえば実演芸能）は観客がいなければ成立しない。観客がいない上演はあくまで稽古《けいこ》（練習）に過ぎない。つまり、演劇は表現者（役者）と観客の間に成立する。とくに歌舞伎は江戸時代から、観客の入場料によって生活する商業演劇・職業演劇だった。そのため、観客に劇場へ足を運んでもらえるよう努力してきたのである。

努力の第一は観客が見たい作品を上演することである。観客に劇場へ足を運んでもらわなければ何事も始まらない。そのため、歌舞伎は観客の嗜好《しこう》を探り、要望に沿った作品を上演した。観客の好みは地域によっても時代によっても異なる。時代や地域の感覚に合わせて作品を作るため、演劇には時代や国の感覚が映るのである。

元禄から享保初期（一六八八〜一七二四年）にかけて活躍した人形浄瑠璃《じょうるり》・歌舞伎作者に近松門左衛門がいる。

延宝期（一六七三〜八一年）までの歌舞伎はお家騒動物が中心だった。人形浄瑠璃も伝説や能・狂言など先行芸能から取材した時代物を中心に上演していた。よく知られた題材を（当時の）現代的解釈で上演していたのである。

ところが、天和期（一六八一～八四年）になると、歌舞伎は自分たちと同じ庶民が起こした事件を劇化するようになる。際物《きわもの》・一夜漬けといわれる作品で、巷《ちまた》で起きた事件を短期間で舞台化した。

天和三（一六八三）年、大坂の三つの劇場（嵐座・荒木座・大和屋座）が揃って、遊女・市之丞と呉服屋・長右衛門が生玉《いくたま》神社で心中した事件を劇化上演した。これが最初の心中物で、同時に初期の世話物（世話事）と見られる。前述の通り、「世話」は「世間の話」という意味で、現代語でいえば「現代劇」である。

この作品の大ヒットで、以降、歌舞伎のレパートリーに世話物・心中物が加わる。人形浄瑠璃で世話浄瑠璃・心中物が上演されるようになったのはその二十年後の元禄十六（一七〇三）年で、大坂・竹本座で上演された近松門左衛門作『曾根崎《そねざき》心中』である。一日の最後に上演する作品を切浄瑠璃というが、『曾根崎心中』は時代物『日本王代記』の切浄瑠璃として上演された。

作者の近松はそれまで歌舞伎の作者だったから、歌舞伎の台本（台帳）の作り方から学んで『曾根崎心中』を書いたのだろう。

近松は生涯に百四十余（うち歌舞伎は二十余）の作品を書いたが、世話物は二十四作（うち心中物は十一作）である。近松の世話物は現代もよく上演されるが、中でもとくに人気なのは『曾根崎心中』『冥途《めいど》の飛脚』『心中天の網島』『女殺油地獄』である。この四作品の共通した特徴は「金」の問題を扱っていることである。

なお、この項にはさまざまな貨幣の単位が出てくる。江戸時代は金・銀・銭の三つの貨幣があり、大変複雑だった。詳細は第一章の「江戸時代の貨幣」の項を参照して欲しい。

1、『曾根崎心中』

『曾根崎心中』は元禄十六（一七〇三）年五月七日に初日の幕を開けた。主人公の名をとって、この作品は俗に「お初徳兵衛」ともいわれる。

実際の事件は上演初日の二週間前または一カ月前に起きたと見られる。

宝永元（一七〇四）年刊の浮世草子（現代の小説）『心中大鑑』に拠ると、お初は京・島原の遊女で、大坂北の新地（現代のJR大阪駅南一帯）に流れ、天満屋の抱え女郎となったという。心中した時、数えで二十一歳だったらしい。

一方の徳兵衛は数えで二十五歳。内本町（現大阪市中央区内）橋詰の醬油屋《しょうゆや》・平野屋の手代で、

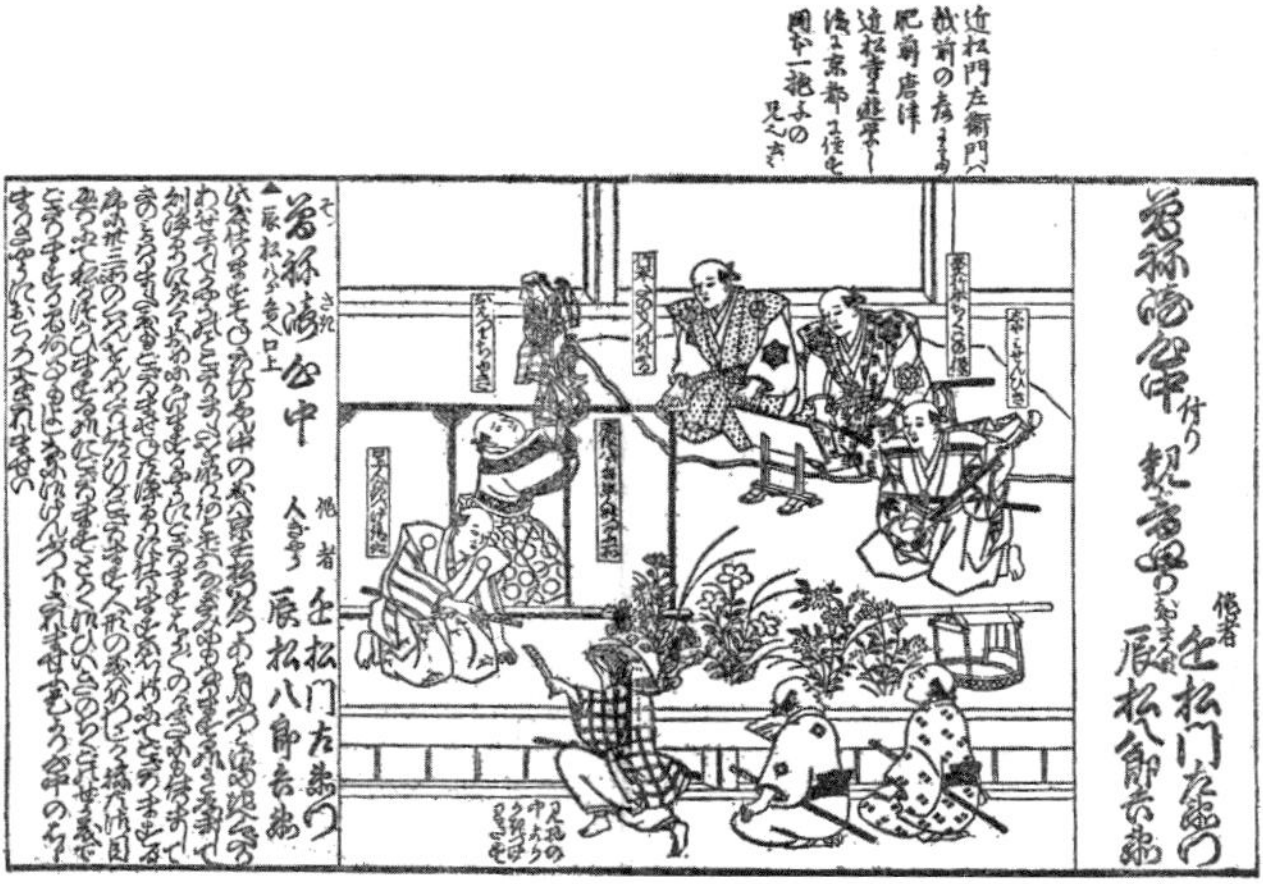

人形浄瑠璃『曾根崎心中』の上演の様子　『牟芸古雅志』より

あるじ・忠右衛門の甥《おい》に当たる。江戸支店の手代が売掛金を持ち逃げしたため、忠右衛門は養女（妻の姪《めい》だったともいわれている）と兄の子である徳兵衛を結婚させて江戸に派遣する予定だった。

ところが、徳兵衛は天満屋のお初と馴染《なじ》み、将来を約束していた。お初に豊後（大分県）の客に身請けされる話が持ち上がったが、徳兵衛にお初を身請けする金はない。絶望した二人は曾根崎の天神の森で心中したと見られる。

これが実際に近いと考えられているが、わかっているのはここまでで、近松は、友人・九平次に金を騙《だま》し取られたのが原因で徳兵衛たちは心中した、と書いた。

徳兵衛の継母《ままはは》は平野屋から持参銀《じさんきん》・二貫目を受け取っていた。徳兵衛が主人の娘との縁談を断るには、持参銀を返さなければならない。徳兵衛は実家に戻り、強欲な継母から銀二貫目を取り戻した。徳兵衛は友人の油屋・九平次と出会い、「金が要る。命にかけて返すから貸してくれ」と頼まれ、うっかり貸してしまう。ところが、九平次は自分で手形を書かず、徳兵衛に文字を書かせて、印だけ押した。

徳兵衛は返金を迫るため、九平次を訪ねたが、会えなかった。ある日偶然、九平次に出会い、返金を迫ると、金を借りた覚えはないという。徳兵衛が証拠の手形を示すと、「判子をなくしたので、新しい判子に変えて、届け出も済ませてある。謀判《ぼうはん》（私印盗用）だ」と喚《わめ》く。つまり、九平次は徳兵衛を罠にかけたのである。

こうして、お初徳兵衛は万事窮して、曾根崎で心中する。

九平次が徳兵衛を騙すくだりは、ドラマチックにするため、近松が脚色をしたのか、事実に近いのか、真相はわからない。

2、『冥途の飛脚』

近松は『曾根崎心中』の大当りをきっかけに人形浄瑠璃の作者に専念するようになり、宝永三（一七〇六）年、居住地を大坂に移す。

『冥途の飛脚』は正徳元（一七一一）年三月、大坂・竹本座で上演された。

この作品も際物であることは確かだが、同時期の史料が乏しく、事件の詳細はわかっていない。江戸時代、江戸―大坂間を毎月三度往復した飛脚を「三度飛脚」という。主人公の大坂・淡路町（現中央区内）の飛脚宿・亀屋の忠兵衛と遊女・梅川が捕縛されたのは宝永六（一七〇九）年の年末のようだ。三度飛脚の公金横領事件とも、三度飛脚殺しとも、三度飛脚と遊女の心中事件ともいわれている。

この事件を文芸化したのは翌宝永七年九月刊の浮世草子『御入部伽羅女《ごにゆうぶきやらおんな》』が最初。続いて、正徳元（一七一一）年正月、京坂の歌舞伎三座で上演された。京・都万太夫座の『けいせい九品《くほんの》浄土』、京・夷屋座《えびすや》『けいせい本願記』ではお家騒動物の中にこの事件のくだりが挿入されたようだ。大坂・榊山座では『御伽《おとぎ》十二段』の切狂言として独立上演されたという。

『御伽十二段』のあとの切狂言は題名も詳しい筋もわかっていないが、叔父が忠兵衛に意見し、脇《わき》で忠兵衛の女房がハラハラする場面があって、評判だったという。

近松の『冥途の飛脚』は先行作を参考にして作られたのだろう。

四年前、大和《やまと》・新口《にのくち》村から持参銀付きで養子にきた飛脚宿・亀屋の跡継ぎ・忠兵衛は、新町

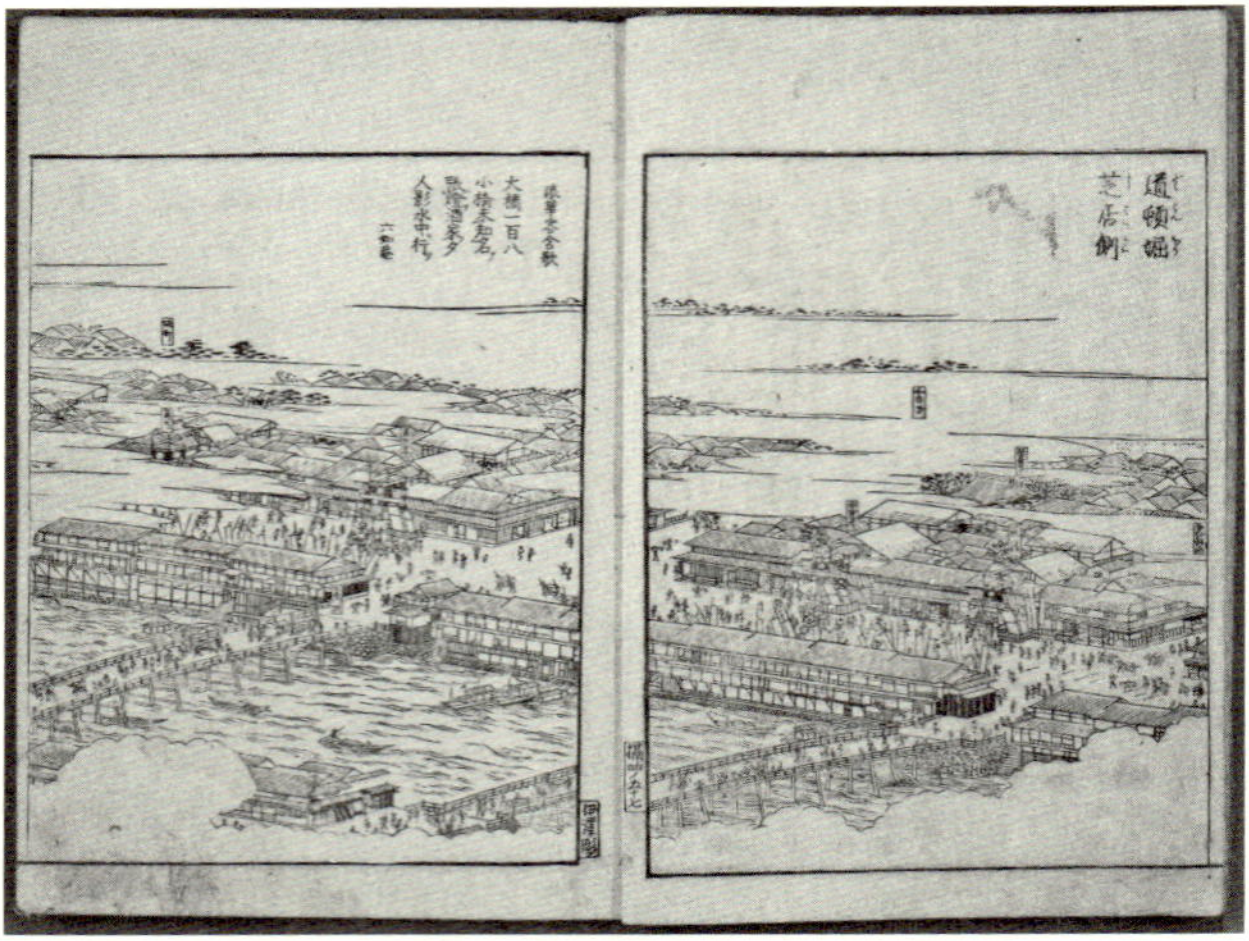

大坂の芝居町　『摂津名所図会・道頓堀芝居側』

（現西区内）・槌屋の遊女・梅川と馴染んでいた。田舎の金持ちが梅川を請け出すと聞き、友人・丹波屋八右衛門に届ける予定の為替金、五十両を手付金として槌屋へ渡した。訪ねてきた八右衛門に事情を話していた時、養母の妙閑《みょうかん》が来て「為替金を早く渡しなさい」とせっついたため、忠兵衛はとっさに、小判に見せかけて陶器の鬢水入《びんみずいれ》を渡した。その夜、江戸から届いた蔵屋敷あての為替金、三百両を持って忠兵衛は新町へ向かった。梅川は茶屋・越後屋にいたが、飛び込んできた八右衛門が「忠兵衛が渡した手付金は自分の所へ来た為替金。友達の自分に鬢水入を渡して騙すのだから、次は巾着切（スリ）か強盗をするだろう」と話しているのを聞く。越後屋へ来て、陰でそれを聞いた忠兵衛は「五十両や百両で、友達に損させる忠兵衛ではない」と言って、持っていた為替金の封印を切ってしまった。

江戸時代、為替金などの通貨は紙で包み、その封じ目に印が押してあった。勝手に中身を変えることを禁じたのだが、封じ目が破れた時は両替屋が有料で包み直した。これを封印というが、封印を切るということは公金に手を付けることと同じだったのである。

梅川に事実を打ち明けた忠兵衛は、梅川の手を取って、郷里の大和・新口村を目指して落ち延びる。

先の『曾根崎心中』では「手形」、この『冥途の飛脚』では「為替金」がキーワードである。この時期になると経済はかなり複雑になっていた。

なお、歌舞伎では大概、改作を上演する。その改作を通し上演する時のタイトルを『恋飛脚《こいのたより》大和往来』という。また、クライマックスの茶屋で封印を切る場面だけ抜粋上演する時のタイトルは『封印切』、道行だけ抜粋上演する時のタイトルは『新口村』である。

3、『心中天の網島』

現代の日本は異常に自殺が多い。二十一世紀に入ってからは毎年、三万人前後が死んでいるという。翻って、江戸時代はどうだったのかというと、天和から享保にかけての約四十年間は異様に心中事件が多かった。詳しく論じる紙幅がないが、私は心中の多発は資本主義の発達と身分制度が関係していると思う。

先ほど、天和三（一六八三）年の生玉心中について書いた。以降、心中事件は年々増加し、元禄十六（一七〇三）年に心中者の名鑑『心中恋のかたま（塊）り』が刊行されるほどだった。享保五（一七二〇）年十二月、大坂・竹本座で、近松門左衛門作『心中天の網島』が上演された。事件が起きたのは一カ月半ほど前の十月十六日らしい。

この作品は心中物には珍しく、死んだ紙屋の主人・治兵衛と遊女・小春だけでなく、治兵衛の女房・おさんの描写も優れており、心中物の最高傑作とされる。

北の新地・紀の国屋の遊女・小春は大坂・南の島の内（現中央区内の通称「ミナミ」〈東を東横堀川、南を道頓堀川、北を長堀川、西を西横堀川に囲まれた広い地域をいった〉）から勤め替えしてきた。天満の紙屋・治兵衛と馴染みになり、二人はすでに心中の約束をしていたが、紀の国屋に拒絶されて、逢《あ》えなくなっていた。

大尽客が小春を身請けするという噂《うわさ》を聞き、おさんの母と治兵衛の兄・孫右衛門が治兵衛を詰問にやってくる。しかし、身請けするのは治兵衛でないとわかり、二人は念のため治兵衛に誓紙を書かせて帰っていく。

炬燵《こたつ》に寝転んだ治兵衛はおさんに「小春の変心が悔しい」と言う。その言葉を聞いたおさんは小春が死のうとしていると悟り、治兵衛に「私が小春あてに『女は互いに助け合わなければいけない。辛いだろうが、夫を助けてくれ』と手紙を書いて、諦《あきら》めてもらった」と打ち明ける。小春の言葉は本心ではなかったのである。おさんは「小春を死なせては女同士の義理が立たぬ」と、新銀（享保銀）四百匁《もんめ》と、換金するための質草の衣類を持たせて、夫を小春の身請けに向わせようとする。そこへおさんの実父・五左衛門が現れ、治兵衛に離縁を迫り、おさんを実家に連れ帰ってしまう。

つまり、おさんは自分が身を引き、小春を身請けすることで、治兵衛と小春の命を救おうとしたのだが、その努力も叶《かな》わなかった。

遊廓はもっとも資本主義的な場所で、金がすべてである。身分は関係なく、金を持っている人は遊べたし、金を持っていない人は遊べなかった。

遊廓から小春を請け出すためには、金を払わなければならない。しかし、おさんの実父に阻《はば》まれ、治兵衛と小春は心中することになる。つまり、金が命を左右した。

「武士道と云《い》ふは死ぬ事と見付たり」という言葉で有名な『葉隠』は享保元（一七一六）年く

らいに成立したと見られる。江戸時代初期、山鹿素行らによって、武士道が確立されたとされるが、この頃になると、主君に対する忠義より、金を重視する武士が多くなっていた。そういう風潮の中で『葉隠』は成立したのである。

近松の心中物は享保七（一七二二）年四月初演の『心中宵庚申《よいごうしん》』が最後である。その年十二月、「心中の噂を読売（瓦版《かわらばん》）等で版行すること」が禁じられ、翌年二月には「心中物を厳しく処罰し、この類《たぐい》を絵草紙・歌舞伎狂言等に作ることを禁じる」町触が出され、心中物の上演ができなくなった。

4、『女殺油地獄』

『女殺油地獄』は享保六（一七二一）年七月、大坂・竹本座で初演された。

この作品も実際に起きた事件を素早く劇化した一夜漬け＝際物と思われるが、事件の詳細はわからない。

この事件の劇化は歌舞伎のほうが少し早かったようだ。というのは、この作品で茶屋の後家さんが「油屋の女房殺し、酒屋にしかへて、幸左衛門がするげな。殺し手は文蔵、憎いげな」と言っている。翻訳すると、「油屋の女房を殺した事件を、酒屋で起きたことにして、二代竹嶋幸左衛門の竹嶋座で上演するそうだ。油屋の女房を殺した者を初代佐川文蔵が憎々しく演じるそうだ」という意味になる。

五月の節句の前夜。油屋・豊島《てしま》屋の七左衛門は集金に出掛けていく。別の油屋の不良息子・与兵衛を口入屋（雇人の斡旋《あっせん》や金銭の貸借を行った）の綿屋小兵衛が七左衛門の店の近くで見つけ、借金の新銀二百匁の返済を迫る。「俺《おれ》も男だ。必ず返す」と請け負ったものの、与兵衛に返すあてはない。そこに与兵衛の義父・徳兵衛が七左衛門の女房・お吉を訪ねてきたので与兵衛は身を隠す。与兵衛に気づかない徳兵衛はお吉に「与兵衛が来たら、心を入れ替え、母親に詫びをして、家に戻るよう意見して欲しい」と、女房・おさわに内緒の銭三百文を託す。そこに、おさわもお吉を訪ねて来て、「銭三百文を渡すのは川に捨てるようなもの」と先に帰るよう徳兵衛を促す。「一緒に帰ろう」と徳兵衛がおさわを引き立てると、おさわが隠し持っていた粽《ちまき》と銭五百文が落ちる。「与兵衛にやりたいばかりに、掛取りの金を盗んだ」とおさわが謝り、二人は帰っていく。陰で聞いていた与兵衛が豊島屋に入ると、お吉は親の慈悲を説き、与兵衛に粽と銭八百文を渡す。与兵衛は「これでは金が足りない。銀二百匁貸して欲しい」と言うが、お吉は「夫の留守に一銭も貸せない」と断る。さらに与兵衛が「それでは油二升貸して欲しい」と頼むと、お吉は「商品の貸し借りはお互いさま」と承知し、油を量りにいく。と、与兵衛は脇差

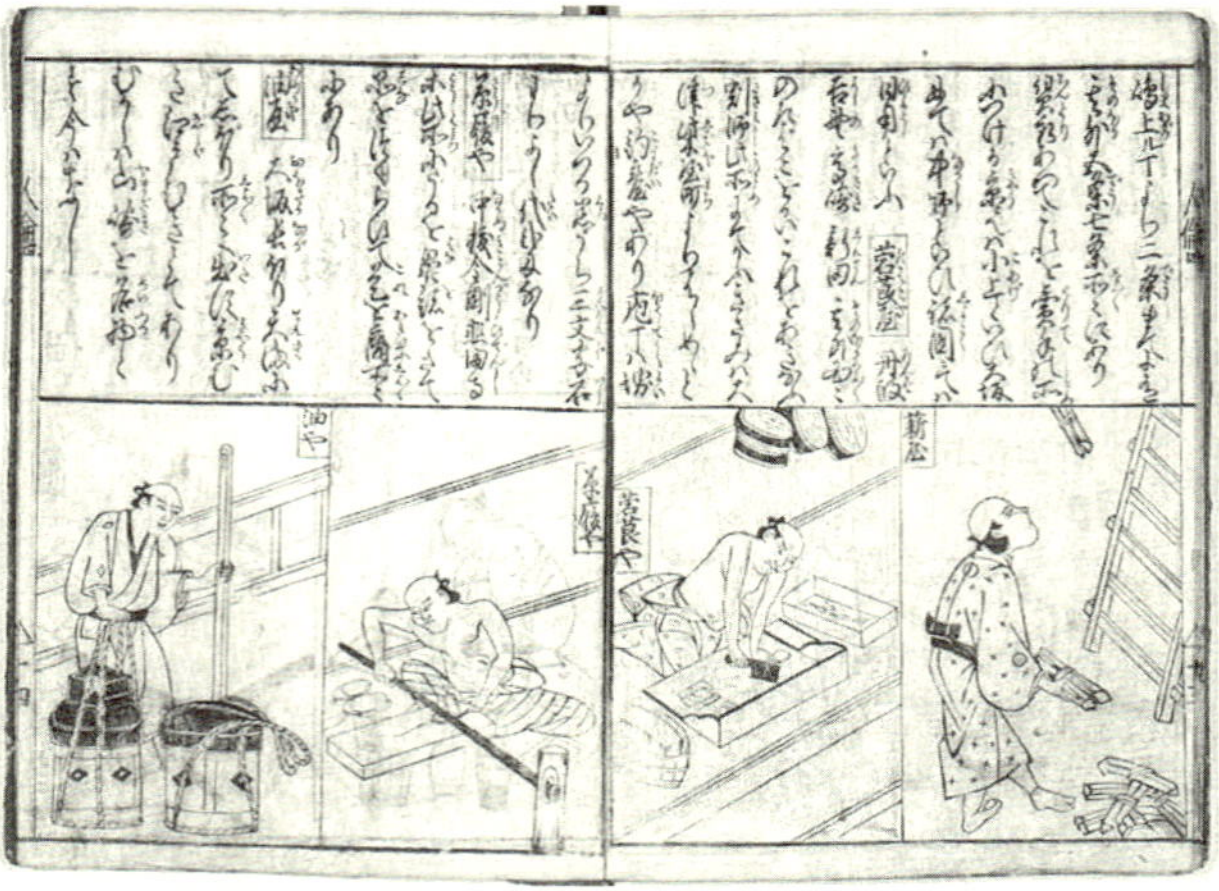

江戸時代の油屋(左下)　『人倫訓蒙図彙・第四巻』(部分)

を抜いてお吉を殺し、金を奪って逃げていく。江戸時代の節句は年五回あり、五節句といったが、上方(京・大坂)ではその前日は掛売りの決算日になっていた(「節季」といった)。商人にとって節句の前日はとくに重要だったのである。その重要な日に油屋の不良息子は殺人を犯した。

お吉殺しの前、口入屋・綿屋小兵衛と与兵衛は次の会話を交す。小兵衛「判は親仁の判、新銀一貫目、今宵《こよい》延びると、明日町へ断る」与兵衛「ハテここな人はいきかたの(ものわかりが)悪い。手形の表こそ一貫目、正味は二百目。今宵中に済《すま》せば別条ない約束ではないかいの」小兵衛「されば明日の明六《むつ》までに済めば二百目、五日の日がによつと出ると一貫目」。

与兵衛は、父親の印鑑を黙って使い、小兵衛から銀二百匁を借りた。借用書に書かれた額は新銀一貫目である。今夜中に返せば新銀二百匁で済むが、明日の朝、太陽があがってしまうと新銀一貫目を返さなければならない、というのである。大変な高利である（江戸時代の金利については一八七～一九二頁参照）。

そのうえ、親の印を無断で使ったから、町役人へ届ければ、与兵衛は謀判（私印盗用）の罪に問われる。せっぱ詰まった与兵衛はお吉を殺して金を奪う。

つまり、元禄～享保期（一七〇〇年前後）は金銭を巡るトラブルが日常化していた。享保三（一七一八）年に江戸の町奉行所で取り扱った訴訟は四万七千七百三十一件で、その大半が金銭トラブルだったという。

第四章　武士のふところ事情

江戸時代は封建時代だったといわれる。「封建」は漢語で、原義は「封土を分割して諸侯を建てること」。近代になってから、西洋のフューダリズム（Feudalism）の訳語としてその語が使われ、「天子の公領以外の土地を諸侯に分け与えてそれぞれ所有させる」という意味に変化した。翻訳語のため意味がわかりにくいが、「土地を媒介とした国王・領主と家臣の主従関係」をいう。

戦国時代末期（安土桃山時代）までは武士と百姓の境目が曖昧《あいまい》で、武士も自らの土地に農作物を作り、百姓も農閑期には戦へ出掛けた。

武士と百姓の区分け（兵農分離）は、天正十（一五八二）年に開始された豊臣秀吉による太閤《たいこう》検地、同じ秀吉が天正十六（一五八八）年に発した刀狩り令などによって始まり、江戸時代に入ってから、身分は固定化された。

以前、江戸時代の身分は士農工商に分かれていたとされていた。

士農工商は古代中国の言葉で、「民」の分類である。のちに日本でもその言葉を使うようになったが、江戸時代になり「士」は「武士」を指すと解釈されるようになった。

そのため、この言葉は江戸時代の身分を表す言葉のように思われていたが、実際には武士・百姓・町人の三つの区分けがあっただけで、百姓と町人は身分の行き来は難しいことではなかった。つまり、江戸時代は武士の統領である徳川家が百姓・町人を支配していたのである。

このほか、武士にも百姓にも町人にも属さない人たちもいた。一つは、天皇家と貴族、二つは宗教者（僧侶《そうりょ》・神職）、三つは人外者《にんがいもの》（被差別民）である。

天皇家と徳川家では、形式的には天皇家のほうが上位だったが、実際は徳川家のほうが上位だった。被差別民はエタ（穢多）と非人に分かれた。非人はエタ頭の支配下にあったから、エタのほうが上位だったが、非人は平民に上がれたものの、エタは平民にはなれなかった。

つまり、武士の下に公家・僧侶と神職が位置し、その下に百姓と町人がいて、最下層に被差別民がいたのである。

それぞれの身分に属した人々の割合は、幕末の人口三千二百万人のうち、武士が六～七パーセント、百姓が八十五～六パーセント、町人が五～六パーセント、僧侶・神職一～二パーセント、エタ・非人一～二パーセントと推定される。つまり、大多数は百姓だった。

武士身分の者も、上は将軍から下はさんぴん（一五五頁）まで幅広かったが、この章では支配者だった武士はどのように生活したのかについて述べる。

一、大名家の石高《こくだか》と序列

江戸時代は徳川家が日本全国を支配していたが、全国を直接統治していたわけではない。徳川家は、各地の大名（藩主）を支配することによって、全国を支配したのである。そのような支配体制を「幕藩体制」という。

換言すると、徳川家も大名家の一つで、四百万石の知行地《ちぎょうち》（直轄領）を持っていた。また、江戸・京・大坂などの商人から冥加金《みょうが》（租税の一種）などを徴収していた。

つまり、江戸時代の権力構造は二重になっていたのだが、本来中央政府である幕府が行うべき、江戸城の修理・街道の整備・治水工事などの費用を「御手伝」の名目で各大名に負担させて徳川家の経済的負担を減らしていた。また、参勤交代などの制度によって、各大名の経済的負担を増大させ、力を削《そ》いで無力化した。

天皇家について述べると、天皇家は徳川家に征夷《せいい》大将軍という地位を与えた。したがって、形式的には徳川家より天皇家のほうが上位だったが、天皇家の石高はわずか三万石（初期は一万石）に過ぎなかった。また天皇家は武力を持たなかった。

1、年貢と石高

封建社会の基礎は土地だが、各大名は支配地（「知行地」といった）の百姓（農民）から毎年、年貢を取り立て、それによって、藩と自分の家の財政を賄った。

大名家の知行地で獲《と》れる予定の米の数量を「石高」といった。「石」は尺貫法の単位で、一斗の十倍、升の百倍である。石高はその大名の格式を表した。

年貢の分配率は時期によっても藩によっても異なったが、平均分配率は「四公六民」とされる。四割が年貢として幕府・藩に取られ、生産者には六割しか残らなかったのである。換言すると、知行地を持っている武士の実収入は石高の四割である。

大名などは年貢として徴収した米のうち、自分の家で消費する分と家臣に配る分は残し、ほかは販売して換金し、藩の運営資金に充てた。

2、大名家の種類

大名家は親藩大名・譜代大名・外様《とざま》大名の三つに大別できる。

親藩大名は家康の子どもや家康の血を受け継いだ人物が藩祖となった大名で、「御三家」「御《ご》三卿《さんきょう》」「御家門」の三つがある。

御三家は家康の子どもが藩祖となった家で、「尾張《おわり》徳川家」「紀伊《きい》徳川家」「水戸徳川家」がこれに当たる。将軍家に跡継ぎの男子がいない時、御三家から跡継ぎを出した。八代将軍・吉宗は紀伊徳川家の出身である。

御三家の石高は、尾張徳川家が約六十二万石、紀伊徳川家が約五十六万石、水戸徳川家が三十五万石だった。

御三卿は吉宗の子や孫が始祖となった家で、「田安」「一橋」「清水」の三つの家があった。三つの名前は江戸城の門の名前で、御三卿の屋敷はその門の内側にあった。御三卿は徳川本家に御三家も事情があって跡継ぎを出せない時、将軍になる資格があった。要するにスペアのスペアで、実効支配できる領地は持たず、石高はいずれも十万石だった。

御家門は古くからあった大名家へ家康の子や孫が婿《むこ》に入った家などをいう。要するに徳川家の姻戚《いんせき》で、越前松平家、会津松平家などがこれに当たる。石高は、越前（福井）藩が三十二万石、会津藩の二十三万石などである。

譜代大名は関ヶ原の合戦の前から徳川家の家臣で、徳川家が天下を取ったあと大名に出世したものをいう。譜代大名は幕府の要職（老中・若年寄など）を占めたが、石高は少なく、大概は

江戸城内の武士たち　『徳川盛世禄』の挿絵　都立中央図書館蔵

十万石から五万石だった。井伊家の三十五万石は例外である。

外様大名は関ヶ原の合戦から徳川家の傘下に入った家をいう。加賀の前田家の百二万石、薩摩《さつま》の島津家七十七万石、仙台の伊達家六十二万石、熊本の細川家五十四万石など、江戸から遠く離れた地に大きな所領を持つ大藩が多かったものの、幕府の要職には就けなかった。

石高は譜代大名が低く外様大名が高かったが、そのまま藩の財政に比例するものではない。土地によって、石高より獲れる所も、逆に石高に達しない所もあった。前者は譜代大名、後者は外様大名に多かった。要するに幕府は、譜代大名の格式を下げておきながら、実収を増やし、戦に備えさせたのである。

幕末の大名家は二百六十六あったが、そのうち、五十万石以上が七家（二・六パーセント）、二十万石以上が十五家（五・六パーセント）、十万石以上が三十二家（十二・〇パーセント）、五万石以上が四十六家（十七・三パーセント）、五万石未満が百六十六家（六十二・四パーセント）だった（伊東多三郎『幕藩体制』に拠《よ》る）。

二、武士の給料

江戸時代の武士が主君（徳川家・各大名など）から受け取る給料を禄《ろく》（「俸禄《ほうろく》」とも）といった。

武士の禄をサラリーマンの賃金に譬《たと》える人がいる。しかし、それは正しくない。なぜなら、武士の禄は徳川家（または各大名）から「家」に対して与えられるもので（「家禄」といった）、個人の労働に対する対価ではない。

徳川家を例にあげると、家臣（旗本・御家人）の禄は、徳川家が全国の覇権を握った慶長八（一六〇三）年までに、徳川家に貢献した度合によって決まった。そして、世襲され、親が死亡または隠居した時は子どもが同じ額を受け継いだのである。

家禄の額は幕府崩壊時まで、基本的に不変で、役職に就いた人に限り手当が付いた。つまり、武士は「親のゆずり」で身を過《すご》したのである。

江戸時代の武士の禄は知行取《ちぎょうとり》（物取、地方《ちかた》取）と禄米取（扶持米取・蔵米取）に分かれた。いや、細かくいえば、大多数の武士は知行取か禄米取のどちらかだったが、最下層の武家使用人には金で支払われた（「給金取」といった）。

先ほど、徳川家も大名の一つだった、と書いた。つまり、徳川家もほかの大名家と同様に直属の家臣を持っていた。徳川家直属の家臣は旗本と御家人に分かれる。

旗本は石高一万石未満で将軍に御目見得《おめみえ》（面会）できる武士をいった。旗本の数は、正徳二（一七一二）年の調査で五千三百九十八家、寛政十一（一七九九）年の調査で五千百八十六家だった。石高によって家の格（家格）に違いがあったが、享保七（一七二二）年の調査に拠ると、旗本の数は五千二百五で、合計禄高は二百六十四万千九百石だった。ということは、平均禄高は五百七石になる。

御家人は「御目見得」以下、すなわち将軍に面会できない武士をいう。直臣の中の最下層で、徒《かち》以下の足軽・奉公人もこれに含まれた。正徳二（一七一二）年の調査で御家人の数は一万七千三百九十九家だった。

御家人は大概、禄米取で、毎年、決まった量の米を与えられた。少数の御家人は二百石程度の知行地を持っていたものの、大概の御家人は八十俵から三十俵程度の禄だったという。

ちなみに、寛永十（一六三三）年の規定で、三百石の武士は戦争に備えて、侍二人のほか、中間八人（具足持ち一人、槍《やり》持ち一人、挟箱《はさみ》一人、馬取二人、草履《ぞうり》取一人、小荷駄二人）を雇うことになっていた（『文政年間漫録』に拠る）。石高にはその家来の生活費も含まれているのだから、中級武士の生活は大変苦しかった。

旗本・御家人の扶持米は、浅草の南の隅田川河畔《かはん》にあった幕府の米蔵から、年三回に分けて米を支給された（そのため「蔵米取」とも）。

支給月は（旧暦の）二月、五月、十月だった。そのうち十月に支給される米を切米（その年の終わりの支給米）といったが、のちに切米という語は俸禄米の代名詞になった。

旗本・御家人たち蔵米取は支給された蔵米のうち、自分の家で食べる分の米は取り置いて、残りを米問屋に売却して現金に換えて生活した。

その米の受け取りと換金を代行していたのが「札差」である（一六二～一六五頁参照）。

もっとも身分の低い武士の給金は年三両一人扶持（「三両一分」という説も）と決まっていた。「一人扶持」は「一人分の米」という意味で、月々、一日あたり玄米五合の割合で支給された。

三両一人扶持でも、身分は武士なので、横柄な態度の者も少なくなかったから、庶民は「三《さん》一《ぴん》」と呼んで蔑《さげす》んだ。「さんぴん」は博奕《ばくち》の用語で、「三と一」の賽《さい》の目が出ることをいう（「ぴん」は「一《ぴん》から十《きり》まで」の「一」）。

三、下級武士のアルバイト

武士は三種類に分かれる。「士」すなわち上級・中級武士、「徒」すなわち下級武士、「足軽」すなわち武家の使用人である。士は指揮官、徒は歩兵。戦国時代の足軽は臨時雇いの歩兵だったが、江戸時代になると、足軽の一部は雇用されて武家の使用人になり、雇用されなかった人は浪人になった。

つまり、ひとくちに武士といっても、将軍から足軽まで階級格差が激しく、収入も大差があった。

武士は本来、戦士だが、「天下泰平」の世は戦争へ行かなくてもよくなった。そのため、中級以上の武士は現代でいう役人になり、下級武士は江戸城の警備や将軍が外出する時の警護の仕事に就いた。

平和な時代だから、軍事訓練はほとんどなかった（せいぜい鷹狩《たかがり》のお供で済んだ）。しかし、幕府（藩）は万一のため、下級武士を馘首《かくしゅ》できない。

そのため、下級武士の給料はべらぼうに安く、アルバイトをしなければ生活が成り立たなかった。その代わり、下級武士の勤務ローテーションは、二日勤めて一日休む（「三日勤め」「三番勤め」といわれた）緩やかなサイクルだったので、アルバイトする時間は十分にあった。

幕府も各藩も下級武士のアルバイトを黙認したため、下級武士は百パーセント、アルバイトに励んでいたのである。

1、御徒町《おかちまち》の朝顔栽培

東京に下谷《したや》という地名がある。江戸時代の下谷は現代のJR上野駅周辺の広い地域をいったが、現代の上野駅の南側は武家地で、下級武士が住んでいた。すなわち、徒が住んだ御徒町だった。上野駅の一つ南に御徒町駅があるが、その名前はそこから来ている。

徒の世禄《せろく》（世襲で受け取る俸禄）は切米七十俵と五人扶持だった。

御徒町に与力（組頭）の谷七左衛門という人が住んでいた。幕府から徒に与えられた家の敷地は七十坪（約二百三十平方メートル）くらいで、草花好きだった谷の母親は草花を栽培していた。母親の影響で、谷も享和期（一八〇一～〇四年）まで桜草を作っていたが、文化五（一八〇八）年頃から朝顔を作るようになった。

品種改良に長《た》けていた谷はさまざまな朝顔の変種（変化朝顔《へんげ》）を生み出した。文化十二（一八一五）年頃から変化朝顔の大流行が始まり、谷の家は「朝顔屋敷」といわれ、たくさんの見物客が訪れた。

それを見たほかの徒たちも朝顔栽培を始め、近所の植木屋も真似《まね》をした。つまり、下谷の徒がアルバイトで朝顔を栽培したのが江戸の朝顔ブームの始まりだった。

『江戸名所花暦』の「牽牛花《あさがお》」の項は名所として「下谷御徒町辺」をあげ、「朝貌《あさがお》は往古《むかし》より珍賞するといへども、異花奇葉の出来たりしは、文化丙寅《ひのえとら》（文化三年）の災後に下谷辺空地の多くありけるに、植木屋朝貎を作りて種々異様の花を咲かせたり。おひおひひろまり、文政はじめのころは、下谷・浅草・深川辺所々にてももっぱらつくり、朝貎屋敷など号《なつ》けて、見物群集《くんじゅ》せしなり」とある。

また『武江年表』の文化十二（一八一五）年の条に「朝貌の異品を玩ぶ事行はる。文政の始め迄《まで》、都下の貴賤、園に栽へ、盆に移して筵会《えんかい》を設く」とある。

文政の初めの頃（一八一八年～）になると、朝顔ブームは浅草・深川など江戸中に拡《ひろ》がった。

中には、幟《のぼり》を立てて、自分の朝顔園に見物客を集める人もいた。

文政期（一八二〇年代）に成立したと見られる『筆のすさび』巻之四に「文化亥子丑（十二〜十四年）の頃、牽牛花奇を争ひ、佳種百品、七十金にあたる。備中（岡山県西部）の人、一方金《いちぶ》（一分）にて一種を求めしに、名種はこればかりにて買ふべきはなしとて、こぼれ種といふ名もなき数種を得てかへる」とある。

一分は一両の四分の一だが、高級な朝顔は一分でも買えなかったことになる。

2、鉄砲百人組の躑躅《つつじ》栽培

新宿の北、現代のJR大久保駅・新大久保駅の所に百人町という町がある。

百人町には江戸時代、鉄砲百人組が住んでいたが、躑躅が有名で、その季節になると大勢の人が押しかけた。百人町の躑躅も鉄砲百人組に所属する武士たちがアルバイトで栽培したのが始まりである。

鉄砲組は二十五騎組、伊賀《いが》組、根来《ねごろ》組、甲賀《こうが》組の四組からなり、各々百人が所属していた。そのため、百人組といわれたが、大久保に住んだのは伊賀組の百人である。

鉄砲組はもちろん、戦時は鉄砲部隊になるが、平時は江戸城の門の警備や将軍が寺社に参詣《さんけい》

大久保の躑躅栽培　『江戸名所図会』の挿絵

する時の警備などの業務に就いた。徒と同じである。

百人組の居住地が江戸城から離れた大久保に定められたのは自給自足用の農地が確保できたためと見られる。幕府は百人組に、自宅のほか、野菜などを栽培する農地も与えたのである。百人組の人々は、農地に躑躅を植え、売って生活費の足しにした。

文化十一（一八一四）年の『遊歴雑記』初編上十に百人町の躑躅が出てくる。

「（組屋敷の）東の木戸より西の木戸にいたるまで八町余、両側の垣根に咲る花の風情、又垣根を見越して然るが如き成木の躑躅、乱漫（爛漫）たる真盛は、只是は是はとばかり感賞（鑑賞）」したという。

とくに見事だったのは同心・飯島武右衛門の屋敷で、「彼が居宅の庭、大小のつつじ弐・三拾株を植ならべて、その色の真紅に、花形又異なるは、実に寄代（希代）の壮観」だったという。見頃は立夏過ぎだが、「立夏の頃より諸侯大夫の室（夫人）をはじめ、乗物に駕し、士庶人にいたるまで、日々朝より引もちぎらず群集して、或は此組屋敷の園中に終日酔を尽し、詩哥連誹（俳）に日をかたぶくを恨める徒もありけり」という状況だった。

百人町で最初に躑躅を作ったのは前出の飯島武右衛門で、それを真似して、ほかの武士も躑躅を栽培した。また、近所の百姓も盆栽や釣忍《つりしのぶ》を作り、「植木」「植木」と言いながら町を流して売り歩いたり、縁日で売ったりした。

3、武士のアルバイトの種類

青山の鉄砲百人組（甲賀組）の傘張りも有名である。歌舞伎《かぶき》『東海道四谷怪談』の主人公、浪人の民谷伊右衛門は狭い浪宅で細々と傘張りをして糊口《ここう》を凌《しの》いだが、青山の傘張りはそのような「家内制手工業」ではない。原料の仕入れから製品の納品まで、分業で傘を作った。組屋敷全体が工業団地のようになっていたのである。そのため、青山周辺には傘の仲買業者が二十軒もあったという。

牛込弁天町《うしごめべんてんちょう》の鉄砲百人組（根来組）の提灯《ちょうちん》作りも有名だ。凧《たこ》張り・竹細工は山の手一帯で行われたが、代々木・千駄ヶ谷では鈴虫・こおろぎなどの虫類を飼った。麻布では宝暦（一七五一〜六四年）の頃から草花栽培が盛んだった。

以上は御家人のアルバイトだが、全国各地の大名の家臣もアルバイトをした。

近代の評論家・女性問題研究家、山川菊栄は水戸藩士の娘として生まれた母の話を『武家の女性』という本に纏《まと》めたが、その中に「水戸藩士約千人のうち、百石以下が七百人、この百石以下の平士は内職が許されていましたし、禄だけでは生活できないので、家族も、無役の人は当主までもいろいろの内職をしました。それ以下の同心（足軽）ともなれば、半農半工、田畑も作り、内職もして、かろうじて暮したのでした」とある。

同じ山川の『覚書幕末の水戸藩』に拠れば、水戸の下級武士が暮らす集合住宅ではどの家も鰻《うなぎ》の串《くし》を削る内職に励んでいた、とある。「削り方が正直一途、いかにも念入りででき上りがきれいなので、鰻の串は水戸に限るといわれ、特に値のいい高級品とされていた」という。

つまり、下級武士は何が本業なのかわからないような暮らしをしていたのである。

四、借金棒引き令

第一章で述べたように、安永から天明に至る時期（十八世紀後半）、老中・田沼意次《おきつぐ》が政治を行った時期を俗に田沼時代といった。田沼意次の重商主義的政策によって経済は上向いたが、天明期に起きた天変地異によって、物価は高騰し、幕府の財政も行き詰った。

そして老中・松平定信による寛政の改革が始まったが、寛政の改革の詳細については第一章に記したので、ここでは旗本・御家人の救済についてだけ述べる。

寛政元（一七八九）年九月、「札差」に対して、棄捐《きえん》令を出した。

前述したように、武士の禄は基本的に米で支給された。武家から依頼され、米の受け取り・換金などを代行した商人を札差といった。

幕府の米の御蔵（保管庫）は隅田川の畔《ほとり》（台東区蔵前）にあり、ごく初期は武家の家来が御蔵まで出向いて米を受け取った。そして、受け取った米のうち、自家で消費する量の米を取り置いて、残りの米を換金して生活費に充てたのである。

しかし、支給日の御蔵の前は大混雑した。また、米を受け取っても、運搬・保管・販売など、煩わしいことが残っている。そこで、米の受け取り・保管・販売などの代行を商人に依頼するようになり、のちにそれが制度化された。

札差という言葉は、初期の支給日、代行者が受け取る者の名前を書いた蔵米支給手形（札）を竹串に挟んで蔵役所の藁苞《わらづと》に差し、順番を待ったことから来ている。武士は依頼した札差を「蔵宿」、札差は手形を預かった武士を「札旦那《ふだだんな》」といった。

札差の代行手数料は、米受取手数料が米百俵（三十五石）につき金一分（一両の四分の一）で、売却手数料は米百俵につき金二分（一両の二分の一）だった。

販売する米の換金価格は幕府が決め、その価格を「御張紙値段《おはりがみねだん》」といったが、御張紙値段より現実の物価のほうが高くなってしまった。武士にとっては給料が下がったのと同じである。武士は支給される予定の米を担保に差し出し、札差から借金して急場を凌いだ。

札差が武士に金を貸す時の利子は年二割五分で大変な高利だった。借金を返せない武士が続出したため、幕府は享保の改革の最中、享保九（一七二四）年に年一割五分以上の利子を禁止した。

しかし、札差もさるもの。抜け道を探し出し、利子のほかに謝礼金と称する金を取るなどした。利子の二重取りである。たとえば、札差の利子の計算は月単位だったが、返済期限を二十五日に設定し、返済が遅れた時は数日間でもう一カ月分の利子を取った（これを「踊り〈月踊り〉」という）。そのほかにも、さまざまな手口があったが、紙幅の関係上省く。

つまり、米の受取代行および換金手数料は低額で大した儲《もう》けはなかったが、札差は武士に貸した金の膨大な利子で大儲けしていた。実質は高利貸だったのである。

武士が札差から借りた金は次第に膨れあがった。幕府はそれを救うため、棄損令を出したのである。天明四（一七八四）年以前の貸付金と利子のうち、未決済分はすべて破棄し、それ以後のものは利子を三分の一に下げて年賦で返済する、というものだった。

『御触書天保集成』に拠れば、寛政元（一七八九）年の触れで、以後、一カ月の金利は金一両につき銀六分と決められた。ということは年七匁《もんめ》二分になる。仮に金一両＝銀六十匁とすると、年利は十二パーセント。つまり、大幅な金利の引き下げである。

「家業が成り立たない」と札差は幕府に棄損令の撤回を求めたが、撤回されなかった。札差は対抗策を考えたが、幕府に寄生した商売なので、有効な対抗手段が見つからず、結局、新規の貸付を拒否するしかなかった。

貸付を拒否するということは札差の儲けがなくなるということである。しかし、金を借りなければ生活が成り立たない武士もたくさんいて、武士の側からも反対論が出た。札差、武士の両方が困ってしまったのである。そこで幕府は札差に金二万両を下げ渡して宥《なだ》めた。結局、札差の損害はおよそ百二十万両に上ったという。

こうして、寛政の改革は早々と破綻《はたん》し、松平定信は職を辞した。

のちの天保十二（一八四一）年、水野忠邦による天保の改革が始まる。その最中の天保十四（一八四三）年、幕府はまた、札差に対する「無利子年賦令」を出した。そのため、また札差は大損をして、この時はたくさんの業者が破綻した。

五、頻発する武士の犯罪

今も人気の歌舞伎に『天衣紛上野初花《くもにまごううえののはつはな》』がある。この作品の主人公は茶坊主（後出）の河内《こうち》山宗俊《やまそうしゅん》と不良侍の直侍《なおざむらい》こと片岡直次郎で、宗俊の筋と直侍の筋が綯《ない》交《ま》ぜになっている。そのため、俗称を『河内山と直侍』という。

初演は明治十四（一八八一）年、東京・新富座。作者は二代河竹新七（のちの黙阿弥《もくあみ》）。初演の配役は、宗俊＝九代市川団十郎、直次郎＝五代尾上菊五郎、金子市之丞・比企《ひき》東左衛門＝初代市川左団次など。明治の三大名優が共演した豪華舞台だった。

この作品の原作は二代松林伯円の講釈『天保六花撰《ろっかせん》』。新七は以前、同じ題材を使って『雲《くもの》上野三衣策前《うえのさんえのさくまえ》』という名題《タイトル》で劇化しているが、三大名優の共演に合わせてその作品を作り直したのである。

名題の「天衣紛」は前作の「雲」と「三衣一鉢《さんえいっぱつ》（三衣）」から来ている。雲は「雲上人《うんじょうびと》」（宮中の人）の暗示。三衣は「さんね」とも読み、出家僧が着る三種類の袈裟《けさ》をいう。「上野」は東叡山《とうえいざん》寛永寺を指す。徳川家の菩提所である寛永寺の門主は歴代、皇族が務め、「上野の宮」といわれた。主役の宗俊はその上野の宮の使僧に化けて大名を強請《ゆす》る。そのため「天の衣」に「紛い物」の「紛」で「くもにまごう」と読ませたのである。「初花」は桜。上野寛永寺は江戸時代の早い時期から桜の名所だった。

1、宗俊のモデル

幕府が作成した刑事事件の判例集『御仕置例類集』、御成道（現代の秋葉原付近）で古本屋（貸本屋とも）を営んでいた藤岡屋由蔵が遺《のこ》した『藤岡屋日記』、随筆の『我衣』などに拠れば、河内山宗俊（『御仕置例類集』は「宗春」）は幕府の小普請組に所属していた侍（小普請坊主）で、四十人で徒党を組んでさまざまな悪行を働き、文政六（一八二三）年に逮捕され、同年七月二十二日に獄死した。

小普請組は本来、幕府の建物を建造・修繕する役職だが、のちに不行跡があった者や病気の者などの御家人が配属される非役の職となった。

宗俊は初め、西の丸の茶坊主をしていたが、不行跡があったようで、文化五〜六（一八〇八〜〇九）年頃、小普請組に配置転換された。そして、不良武士の親分となり、十四〜十五年後にこの事件を起こしたのである。

茶坊主・小普請坊主と書いたが、仏教の坊さんではない。頭を剃《そ》っていたため、坊主といわれたが、武家の茶事《さじ》を司《つかさど》る役職で、小身の御家人である。

江戸城の茶坊主は表坊主・奥坊主・数寄屋《すきや》坊主・紅葉山《もみじやま》坊主の四つに分かれていた。「表」は幕府の執務所、ここの「奥」は中奥で将軍家公邸、数寄屋は茶道をする建物、紅葉山には歴代の将軍の廟《びょう》があった。この作品の宗俊は数寄屋坊主の頭という設定になっているが、数寄屋坊主は数寄屋で茶を出し茶器を管理する役職である。

前述したように、主役は河内山宗俊と片岡直次郎（直侍）の二人。

第一の筋の主役は宗俊で、宗俊は上野・寛永寺の使僧・北谷道海《きただにどうかい》、直次郎は供侍の桜井新之丞と偽って、松江出雲守《いずものかみ》の屋敷へ乗り込み、脛《すね》に傷持つ出雲守を恐喝して、監禁されていた上州屋の娘・お藤（腰元の浪路）を取り返し、五十両せしめる。

直次郎のモデルは二人いた。一人は貧乏御家人の倅《せがれ》で、本名を猶次郎といった。もう一人は入墨者（前科者）の甚五郎で、後述する比企藤内の事件に登場する。

宗俊に恐喝される松江出雲守のモデルは松江藩九代藩主・松平出羽守斉貴《なりたけ》である。加賀前田家の流れを汲《く》む名門で、将軍家から松平姓を名乗ることを許された。

斎貴は砂村（深川の東一帯）に別荘を構えて遊蕩《ゆうとう》に耽《ふけ》っていたが、幕府に察知され、嘉永五（一八五二）年、近臣二人が遊蕩を勧めたかどで処分され、翌嘉永六（一八五三）年、親類縁者が相談して隠居させられた。

ただし、斎貴の隠居と宗俊の事件は関係ない。作劇上、名前を借りたに過ぎない。

第二の直次郎の筋に登場する不良旗本の比企東左衛門も実在の人物がモデルで、実際には比企藤内といった。

藤内は直次郎のモデルの一人、甚五郎に屋敷を貸し、儲けていた咎《とが》で死罪となった。つまり、新七は直次郎の強請りのくだりに藤内と甚五郎の事件を借りたのである。

では、宗俊が実際に起こした事件はどのようなものだったのか。

『御仕置例類集』に文政七（一八二四）年の「小普請河内山宗春倅河内山三之助外三拾九人悪

事いたし候一件」の申し渡し御伺い書が載っている。

それに拠ると、宗俊の手下は息子・三之助など三十九名で、うち逮捕されたのは九名。働いた悪事は計十一件で、宗俊が直接手を下した事件は三件である。

一つは、下谷の寺に乗り込み五両を押借（恐喝）した事件。二つは、能登（石川県）の寺の僧侶を女犯《にょぼん》の件で脅し、息子に金を取りに行かせた事件。三つは、女犯の僧たちが出入りしていた水茶屋の主人に難癖をつけて、二分《にぶ》（一分は一両の四分の一）を巻き上げた事件。

河内山宗俊　『河内山新狂言松江侯屋舗之場』
国立国会図書館蔵

当時、僧侶の妻帯は禁じられていた。女犯が露見した僧は、江戸であれば日本橋の橋詰に三日間晒《さら》され、寺を追放された。

しかし、現実には多くの僧侶が寺の外に女性を囲っており、女犯を口実とした恐喝が大流行していた。そのため、この年、今でいう刑法に「事実の有無に拘《かかわ》らず、女犯を口実とした恐喝は入墨のうえ、鞭敲《むちたた》きの刑に処す」という条文が加えられている。

宗俊は下谷の寺と女犯の僧、その僧が利用していた茶屋の主の三者を恐喝して逮捕されたのである。せこいというか、みみっちいというか、些末《さまつ》な事件である。あくどいことをしている大名を身分の低い侍や庶民が強請るから、観客は拍手喝采《かっさい》するのであって、何人もの大スターが出演する大作の題材になるような事件ではない。

2、水戸藩恐喝事件

先ほど、「宗俊は獄死した」と書いたが、『御仕置例類集』には死因が書いていない。世間はさまざまに噂《うわさ》したが、『藤岡屋日記』に噂の一つが載っている。

藤岡屋由蔵は今でいう情報屋だったようで、当時起きた事件や世間の噂などをこまめに記録したが、宗俊は水戸藩を強請ったようだ。

文政六（一八二三）年、小普請組の河内山宗俊を名乗る坊主頭の男が小梅（墨田区向島一丁目）

の水戸藩下屋敷を訪れ、「重役にお目にかかりたい」と述べた。

応対したのは大久保今助である。今助は歌舞伎や食べ物の歴史に詳しい人にはよく知られている。水戸藩内の農民の子で、江戸に出て、沼津藩主・水野忠成《ただあきら》の家臣・土方縫殿助《ぬいのすけ》の草履《ぞうり》取りになった。忠成と顔見知りになり、土木工事を請け負って大金を手にしたようだ。今助はその金などを元手に文化四（一八〇七）年、中村座の金主となった。当時の歌舞伎の興行は座元でなければできなかったが、今助は金の力によって実質的な興行主になったのである。その時に考案したのがウナドン（鰻丼）である。

文政元（一八一八）年、忠成は老中となった。今助はその頃、水戸藩の勝手方に出入りしていたが、多額の献金が功を奏したのか、八代藩主・徳川斉脩《なりのぶ》（諡《おくりな》は哀公）に認められ水戸藩士（勝手方）になった。そして、この事件の起きた文政六（一八二三）年には五百石取りの侍に出世していた。

今助が武士身分になれたのは水戸藩の財政の厳しさが関係していたと思われる。水戸藩の石高は公称三十五万石だが、石高と家格が比例していたため、水戸藩は見栄《みえ》を張り、実際より高い石高を公称していた。前出『覚書幕末の水戸藩』に拠ると、籾《もみ》で四十二万石が実際だったという。石高は玄米で数えるのが一般的で、籾は玄米の半分ほどの石高にしかならなかった。つまり、水戸藩の実際の石高は二十数万石だったのである。

河内山宗俊はその大久保今助に対し、「水戸様が売り出した籤《くじ》を何回も買ったが、一回も当らない。同情して、金を恵んで欲しい」と言った。

ここでいう「籤」とは「陰富《かげとみ》」のこと。陰富は富籤（本富）の当り籤を利用した非合法の博奕である。当時、富籤が大流行していた（二〇九～二一三頁参照）。藩の財政が余程苦しかったのだろう。水戸藩は幕府に内緒で陰富を作って、藩士だけに販売していた。おそらく今助の発案だろうが、経済振興と称して博奕場《カジノ》を造ろうとしている現代に通じるものがある。

宗俊はその籤をどこかで入手し、水戸藩を脅したのである。水戸藩にとっては陰富を行っていたことが幕府（将軍および重臣）に知られては一大事である。今助は宗俊に「自分の一存で判断できないので、三、四日してからもう一度来て欲しい」と伝えた。

前述したように、水戸徳川家は御三家の一つだから、将軍の椅子に近い家柄である。そのため、徳川宗家と水戸徳川家の関係は微妙で、権謀術数《けんぼうじゅっすう》が渦巻いていた。

文化期の水戸藩主は前出の斉脩である。この事件の少しあとの文政十二（一八二九）年、その弟（三男）の斉昭《なりあき》（諡・烈公）が水戸藩九代藩主となった。

最後の将軍・徳川慶喜はその斉昭の実子である。慶喜は水戸徳川家から一橋家の養子となり、紆余曲折《うよきよくせつ》ののち、慶応二（一八六六）年に徳川宗家を相続し、十五代将軍に就任した。斉昭は万延元（一八六〇）年に歿《ぼつ》したから、歿後に実の息子が将軍になったことになる。

徳川宗家と水戸徳川家はそのように近い関係にあったが、斉昭は天保十五（一八四四）年、幕府に内緒で大砲を鋳造したなどの咎で隠居・蟄居《ちつきよ》謹慎の処分を受けている。斉昭は熱烈な尊王攘夷《じようい》論者だったが、安政六（一八五九）年のいわゆる安政の大獄でも一橋慶喜とともに隠居・謹慎処分を受けている。

この陰富の販売は当時の藩主・斉脩の許可をとっていたようだ。今助は斉脩の決済を仰いだのち、宗俊に金を支払うと決めた。

宗俊は日を改めて水戸藩下屋敷へ出掛けた。受け取って帰り、金額を確かめると、五百両の大金が入っていた。つまり、宗俊は御三家の一つから大金を巻き上げた。

近代の江戸学者・三田村鳶魚《えんぎよ》は『三田村鳶魚全集』第八巻所収の「寛永寺の上野」で、「水戸様をゆすって五百両取ったという評判が、世間にパッと拡がったので、その筋でも棄てておかれず、検挙してはみたが、始末に困ったから、宗春（宗俊）を獄中で死なせてしまった」のでは、と推測している。

つまり、河竹新七（のち黙阿弥）は『天衣紛上野初花』で、宗俊が強請る相手を水戸藩から松江出雲守に置き換えたのである。換骨奪胎したといえよう。

そのあと直次郎は単独で、旗本の比企を強請る。新七はその比企の屋敷の場所を水道端に設定し、ト書きで大道具を「後ろ奥深に水戸の屋敷の表門を見たる夜の遠見」と指定した。「後楽園」といわれた水戸藩上屋敷は水道端の東にあった。新七は場所を水道端に設定することで、水戸徳川家を暗示したのである。

江戸時代は武士社会で起きた事件の劇化は厳しく禁じられていた。江戸時代に河内山宗俊の事件を劇化すれば間違いなく上演禁止になっただろう。徳川幕府が倒れたあとに作ったため、この作品は上演できたのだが、慎重な性格の新七は水戸藩という実名を使わず、暗示するだけに留《とど》めたのである。

宗俊の事件が起きたのは文政期である。『世事見聞録』（前出）は寛政期から文化期（十八世紀末〜十九世紀初め）の世の中の風潮を記録しているが、その最初が「武士」の章で、武士の堕落を嘆いている。前出の『御仕置例類集』『藤岡屋日記』など、同時代の史料にも侍が起こした犯罪が多数出てくる。

化政期はすでに金が万能の世の中になって久しい。資本主義の毒が十分廻《まわ》って、恐喝などの犯罪は日常茶飯事になっていた。

『東海道四谷怪談』『桜姫東文章』などの名作を書いた鶴屋南北はそのような銭の世の中を背景に「悪」を描いて喝采を浴びた。南北は世話物（江戸時代の現代劇）の中でも下層庶民の生活をリアルに描いた生世話《きぜわ》物を得意としたが、作品の中によく「強請場《ゆすりば》」が出てくる。その例の一つに『お染久松色読販《うきなのよみうり》』（通称『お染の七役』）の「質店」がある。

ちなみに、生活感の滲《にじ》んだ俳諧を遺した小林一茶が生きたのはこの時期である。

前述した『天衣紛上野初花』の作者・二代河竹新七は鶴屋南北の後継者で、同じく生世話物を得意にした。最大の特徴は泥棒を主役とする作品ばかり書いたことで、そのため「白浪《しらなみ》」作者といわれた（白浪は中国の言葉で「泥棒」の意）。新七がそういう作品ばかり書いたのは観客が求めていたということである。

つまり、文化・文政期（十九世紀前半）は泥棒が跋扈《ばっこ》する地獄の様相になっていた。

六、身分の売買

江戸時代は厳格な身分制度が敷かれており、身分・階級・職業によって物事はすべて違っていた。

すべてにおいて武士に有利な社会だったので、金を持つようになった一部の庶民は、金で武士の「株」を買い、武士身分になりたい、と考えた。

今「武士の株」と書いたが、証券が売られていたわけではない。武士の禄は世襲で継承されたが、実子がおらず、また実子がいても出来が悪く、あるいは貧乏なため、金持ちの子を養子に取りたいと考える武士もいた。ここでの株は「武士身分になる権利」という意味で、そのような枠を「空株《あきかぶ》」といった。

つまり、古い殻を身に纏《まと》いつつも、資本主義化が進んでいたのだが、金持ちの庶民が現れたことで、金銭による身分の売買が始まったのである。

幕末に徳川幕府の陸軍総裁となり、薩長などの討幕軍と交渉し、幕府崩壊後は明治の新政府で活躍した勝海舟の祖先も株を買って武士になった一人である。

海舟の曾祖父《そうそふ》・銀一は越後国三島郡長鳥村生まれの盲人。江戸に出て、盲人に許されていた高利貸となり、金を貯《た》めて盲人の官位の最高位である検校《けんぎょう》の位に就き「米山検校」と名乗った。そして、九男の平蔵（信俊）に御家人・男谷《おだに》家の株を買い与えたようだ。

その信俊が男谷家に婿《むこ》入りして、平蔵と改名したと見られる。その三男が海舟の父・小吉で、御家人・勝家の養子に出され、勝姓を名乗った。勝家は宝暦年間（十八世紀半ば）から旗本に昇進したものの、小吉は無役の小普請組だった。

もう一人、例をあげると、読本（小説）作者の曲亭（滝沢）馬琴も孫のために、百三十両の金で、切米三十俵と三人扶持の御家人の身分を買っている。

馬琴は旗本松平信成の用人の子に生まれた。ということは、もともとは下級武士だった。ところが、武士の身分を捨てて小説家となり、名を残して金も少し貯めた（江戸時代の物書きで、原稿料で生活できたのは馬琴だけとされる）。しかし、武士への未練捨て難く、孫に鉄砲百人組同心の株を買い与えたのである。

こうして、幕末には金で身分を買った武士が増え、馬に乗れない、戦闘能力の極めて低い武士が溢《あふ》れた。

金で身分を買うのではなく、武士に化ける者もいた（「入れ子」といった）。身分を金で買うことは「合法」だが、入れ子は犯罪である。

『よしの冊子《ぞうし》』という記録がある。寛政の改革を進めた松平定信の側近だった水野為長《ためなが》が隠密を使って集めた情報を纏めたものだ。その中に旗本の前島寅之助の入れ子事件が載っている（前島は事件発覚時の名前だが、ややこしいので、前島で統一する）。

前島はもともと、長崎奉行を務めた人物の足軽（または長崎奉行の家来）だったと見られる。

海外貿易の窓口だった長崎奉行所は、奉行から末端の役人まで、甘い汁が吸えたようで、前島は貯めた金を持って江戸に戻り、株を買って御家人（与力）になった。

与力になったあともアコギな金貸しを続けたが、美人局《つつもたせ》が露見、与力を解任された。美人局は、女が男を誘い、いざ行為に及ぼうとした時、女の夫（情夫）が現れて、誘われた男を脅して金品を強請ることをいう。これが事件の伏線である。

ある日、前島の妻が日蓮《にちれん》宗のある寺に参詣した。雨が降ってきたため、前島の妻は寺に頼んで宿泊させてもらった。そこに前島が乗り込み、「人妻を泊めるとは何事か」と脅し、七十両を強請り取ったのである。

そのため、与力を首になり、正真正銘の高利貸になった。その借り手の一人に、旗本の宇垣貞右衛門がおり、その弟はグレて出奔していた。前島は宇垣に借金の返済を迫ったが、宇垣には返済能力がない。そこで、借金を棒引きする代わりに、弟に化けることを了承させたのである。

そして、もう一段格の高い前島家の養子となり、天明七（一七八七）年暮れ、養父・寅之丞を引退させ、自らは寅之助を名乗った。実は、寅之丞には寅之助という実子がいたのだが、小さい時に養子に出していた。その寅之助に化けたのである。

この事件は寛政元（一七八九）年に露見、十月に死罪の判決が下った。

しかし、前島の一件は氷山の一角で、当時、入れ子は珍しくなかった。

前島の行動は前から噂になっていたようで、前島が所属していた「小普請組支配」の二人の組頭が「上から摘発される前に自分たちで摘発すべき」と具申した。小普請組支配は役に就いていない旗本を監督する職種をいう。

ところが、組頭の一人、酒井因幡守《いなばのかみ》は強く反対した。言い分は「入れ子は広く行われていることだから、全部を処分できない。いちいち摘発すると小普請組の多くは潰《つぶ》れる。まぁ、注意して、隠居させれば良い。上が連中を摘発して、君たちが免職になったとしても、人を助けて首になるのだから仕方ない」というもの。

徳川家は強固な身分制度を敷いて全国を支配した。つまり、身分制度は支配の要《かなめ》の位置にあったのだが、金に蝕《むしば》まれ、実質的に崩壊したのである。

第五章　江戸時代の金融と商習慣

延宝から元禄（一六七三〜一七〇四年）に至る元禄時代には貨幣中心の経済になっていた。庶民が経済力を持つようになったことを背景にして、歌舞伎《かぶき》・浮世絵・俳諧《はいかい》など庶民文化が元禄時代に花開いた。

一章でも紹介したが、元禄時代に活躍した浮世草子（現代の小説）の作者に井原西鶴（一六四二〜九三年）がいる。西鶴の作品は三つに大別できる。一つは町人の享楽・愛欲生活を題材とした「好色物」、二つは武家の生活を描いた「武家物」、三つは「町人物」である。町人物は現代の経済小説ともいえるが、町人物の代表作に『日本永代蔵』『世間胸算用《せけんむねざんよう》』『西鶴織留《おりどめ》』などがある。

その『日本永代蔵』巻二に「銀《かね》が銀をためる（金が金を産む）世の中」という表現が出てくる。元禄時代は金が金を産む世の中になっていたのである。

俳諧（のちの俳句）も元禄時代に大衆化した。その時期の代表が松尾芭蕉（一六四四〜九四年）である。化政（文化・文政期）に活躍した俳諧師に小林一茶（一七六三〜一八二七年）がいる。一茶には生活感が滲《にじ》む句が多いが、「銭」という語句や金額の入った句が目立つ。

町並や雪とかすにも銭がいる（雪を溶かすにも金が要る。何という世の中だ）
羽生《は》へて銭がとぶ也《なり》としの暮（暮には羽根が生えたように金が出ていく）
店賃《たなちん》の二百を叱《しか》る夜寒哉（賃料二百文の長屋にしか住めないので寒さが身に沁みる）
ねはん［涅槃］像銭みておはす顔も有（散らばった賽銭《さいせん》を見ている涅槃像もある）
銭からから　敬　白《つつしんでもうす》んめ（梅）の花（賽銭箱に投げられた銭がからからと音を立てる）
み仏や寝ておはしても花と銭（仏様は寝ていても花が供えられ賽銭が投げられる）
木がらしや廿四文の遊女小家［屋］（二十四文の遊女小屋を木枯らしが吹き荒《すさ》んでいる）
何桜《なにざくら》かざくら銭の世也けり（桜に名前を付けて商売している。銭の世だなあ）
三文が霞《かすみ》見にけり遠眼鏡（賃料三文の望遠鏡で遠くの霞を見ている）
今の世や蛇の衣《ころも》も銭になる（蛇の皮を見せて金を稼いでいるやつもいる）
百両の松もころりとやけの［焼野］哉（大火で百両もする松も焼けてしまった）
蕣《あさがお》を花に迄《まで》して売《うる》や人（朝顔を売って生活している人もいる）

この章では、それぞれの身分に所属した者が、どのように金を稼いだかなど、江戸時代の金融事情と商習慣について述べる。

一、江戸時代の金融

1、大名貸し

各藩を支配する各藩主（大名）は毎年入ってくる年貢の範囲内で藩を運営しなければならない。年貢以外の収入はほとんどないのだから。しかし、天変地異などで、予定通り年貢が入ってこない年もある。また、中期以降になると、予定通り入ってきても、米価の実質的値下りで、藩の運営費用が足りない年もあった。

そういう時は資金の不足分を商人から借りたが、商人が大名に金を貸すことを「大名貸し」といった。また貸し手の商人を江戸では金主、上方では銀主といった。

一定の地方を支配していた大名は、徳川家の認める範囲内ではあるものの、統治権が認められた権力者である。一方、貸し手の商人のほとんどは大名に寄生していた。そのため、江戸時代初期は担保も取らず、借用書も要求せず、金利も安かったが、借金を踏み倒す大名家が続出した。

第三章で詳述したように、現代の三井グループ・三越百貨店の前身、三井越後屋はもともと伊勢で金融業を営んでいた。その時期は主に大名貸しを行っていたが、いくつかの大名家に踏み倒され、権力者に寄生する商売の危険性に気づいた。

元禄年間（十七世紀末）になると、商人たちは大名家の踏み倒しに対する対抗策を練って、担保も取り、書類も要求するようになり、金利も高くなった。

前述したように、各藩の財政の大部分は農民から徴収した年貢（租税）である。ということは、年貢の範囲内で藩財政を賄わなくてはならないのだが、借金したということは金利分だけ余分な出費をした計算になる。必然的に各藩の財政は火の車状態になっていく。

徳川光圀《みつくに》が藩主になった当初、水戸藩の年貢率は「五公五民」だったという。水戸藩は早くから財政危機に陥り、農民の収奪を強めたのである。

前（一〇四～一〇九頁）に述べた淀屋《よどや》は、贅沢《ぜいたく》を咎《とが》められ、闕所《けっしょ》（全財産没収）・所払い（追放）になった。理由は贅沢だが、淀屋を潰《つぶ》すことで大名を助けた、と見られている。つまり、淀屋を潰すことで、各藩は借金を踏み倒したのである。

次に、位の高い旗本・各藩の重臣・寺社・豪農など、信用ある人たちに貸す時だが、金主は借り手から借用書だけ取った（「書入れ」といった）。担保は取らなかったのである。もちろん、借り手は金利を支払った。

幕府直属の中・下級武士（旗本・御家人）は札差から借金した。そのことについては、前（一六二〜一六五頁）に書いた。

2、百姓の借金

江戸時代の百姓（農民）は自給自足のような生活をしていた。年貢を納めたあとの米を換金しても少しの金にしかならなかったから、自分たちは米が食べられず、麦・蕎麦《そば》・稗《ひえ》・粟《あわ》など雑穀を食べて命を繋《つな》いだ。

したがって、百姓は本来、金を借りる必要はなかった。しかし、天候不順、天災などで、米などの作物が取れない年があった。そのため、年貢が納められないだけでなく、生活費もない年があった。そういう時に借金したのである。

百姓に限らず、借金するには金主へ担保を差し出さなければならない。百姓の持ち物で担保価値がありそうなのは田畑（土地）と人間だけである。

しかし、年貢率が高かった江戸時代初期には、田畑は担保価値を持たなかった。田畑を担保にした場合、借り手が金を返せない時、金主は土地を取得することになる。ところが、取得した土地で米を生産しても、年貢率が高く、生産者の手元に残る米はほとんどなかった。したがって、田畑は担保にならなかったのである。

では、何を担保に差し出したのか。家綱が四代将軍に就いたばかりの頃（一六五〇年代）までは、子どもや女房を担保に差し出した。「女房を借金のカタに置いた」という慣用句があるが、それを実践したのである。人間には労働力があるから、返せない時は借り手を働かせることで、金主は元金と利子を取り戻せる。

それでも返せなかった時は戸主自身が担保となったが、返せず、土地を取られて、小作（半農奴）に転落する百姓は多かった。不在地主はこうして生まれたのである。

前述したように、四代将軍・家綱時代の中期、年貢率は下がった。そのため、田畑を担保にすることが可能になり、子どもや女房を担保に差し出さなくなった。

数十年前まで、日本の庶民は質屋から金を借りるのが一般的だった。価値のある物を担保に差し出し借金したのだが、江戸時代の百姓はそれと同じ借り方をしたのである。

3、質屋と高利貸

町人が金を借りた所は質屋と高利貸に大別できる。

私は子どもの頃、日本で初めて造られた貨幣は奈良時代の「和同開珎《かいちん》」と習った。しかし、平成十（一九九八）年に飛鳥時代（七世紀）に造られた「富本銭《ふほんせん》」が発見され、現在は、我が国で最初に造られた貨幣は富本銭ではないか、と見られている。

いずれにしても貨幣は古代から存在したのである。

① 質屋

中世以前は基本的に、自給自足の経済、物々交換の経済だったが、次第に貨幣が浸透し、金融機関が必要となる。室町時代、京には土倉《どそう》または酒屋土倉と呼ばれた金融機関が多数あった。のちの質屋で、土蔵は担保を預かる質屋の象徴である。酒屋土倉と呼ばれたのは、土倉の経営者に酒屋（金持ちの百姓）が多かったことから来ている。

貨幣経済が全国の隅々まで浸透した江戸時代は質屋が大変繁盛した。享保八（一七二三）年、江戸に質屋の株仲間ができたが、その時、質屋の数は二千七百三十一軒もあったという。一つの町に二軒はあった計算になる。

質屋は担保として何かの品物を預かり、返金がない時は質屋がその品物を取得する。元禄三（一六九〇）年に上方で出版された絵中心の風俗辞典『人倫訓蒙図彙《じんりんきんもうずい》』に「万目利《めきき》に応じて金銀をかす。偽真《ぎしん》の評判に及《およば》ず。請人を取て、これを証拠として、札を出《いだ》す也。大坂の質や数合《かずあわせて》、三百四十五軒有」とある。

質入れした物は、土地・家屋から衣類まで、さまざまだった。江戸時代の質屋の店先には大きな将棋の駒《こま》が掲げられていたという。将棋の駒の歩は敵陣へ入ると金に成るが、それと同じで、「何でも金になる」という洒落《しゃれ》である。

金を借りる手続きは面倒で、証文に借主の住所・氏名を書いただけでなく、保証人も必要だった。また、質入れした物が火災・水害・盗難などでなくなった時はどうなるのか、等々について細かい規則があった。

預かる期間は三カ月〜八カ月。利子は時期によって異なったが、享保期（十八世紀前半）は、一カ月間、一両につき銀一匁《もんめ》六分、百文につき四文だった。一カ月に数パーセントだから、安い金利ではなく、長い期間借りるとその分利子が加算された。

江戸時代の早くから必要不可欠な金融機関になっていた質屋はたくさんの歌舞伎に出てくる。鶴屋南北作『お染久松色読販《うきなのよみうり》（お染の七役）』のタイトルロールのお染は質屋の令嬢という設定。また同じ作者の『東海道四谷怪談』には、主人公の民谷伊右衛門が女房・お岩の制止を振り切り、質草の蚊帳を持って出掛けて行く場面がある。

②　高利貸

高利貸にはいくつかの種類があった。現代もそうであるように、景気の悪い時に儲《もう》かる商売の筆頭は高利貸である。江戸時代はずっと景気が悪かったうえにまともな金融機関はなかったから、高利貸は大変繁昌した。

幕末の諸事を記録した百科事典的な書物に『守貞謾稿《まんこう》』がある。著者は大坂育ちでのちに江戸に出た喜田川守貞という人で、江戸と上方の両方の諸々《もろもろ》について記録している。天保八（一八三七）年に起稿、三十年かけて書き上げた。

その『守貞謾稿』の巻之八は貨幣を扱っているが、座頭《ざとう》金・日なし貸・烏金《からすがね》・日一文の四つの高利貸について記している。

座頭金の「座頭」はもともと盲人の位をいう語だったが、転じて盲人一般や按摩《あんま》・鍼灸《しんきゅう》を行う者、琵琶《びわ》法師を指す言葉になった。

前に「身分の売買」の項（一七五頁）で少し触れたが、江戸時代、盲人は幕府から「高利貸を営んでも良い」と認められていた。幕府が行った数少ない「福祉政策」で、元禄期（十七世紀末）くらいに作られたようだ。

座頭金は、利息一割五分、返済期限は三カ月と決められていた。三カ月間で返済できなければ、五日間だけ猶予する替りに、もう一カ月分の利子を取ったようだ。一六三〜一六四頁で述べた「踊り」と同じく、利子の二重取りである。

二代河竹新七（のち黙阿弥）の『天衣紛上野初花《くもにまごううえののはつはな》』に「五両一分の三月しばり、天引き三分」という按摩丈賀のセリフがある。「五両一分の三月しばり」は「返済期限は三カ月で、五両につき一カ月一分の利息」、「天引き三分」は「三分の利子の先取り」の意。一両は四分だから、五両借りると、三分（十五パーセント）の利子を先払い（実際に受け取るのは四両一分）したうえに、一カ月当り一分（五パーセント）の利子を払ったのである。

『守貞謾稿』には「元金十五両あるいは十両、あるいは五両に月息金一分なり」「あるいは元金三両に月息一分もあり」とあるから、実際にはもっと高い金利だった可能性もある。

幕府の保護が背景にあるため、盲人の取り立ては苛酷《かこく》で、相手が武士であっても玄関先に居座り、「返してくれるまで泊り込みます」と強引に返済を迫ったという。

日なし貸の「日なし」は「日々になし返す」の意。たとえば一両借りたとする。『守貞謾稿』が書かれた頃は、一両は大体、銭六貫五百文だったから、六十五日の間、毎日銭百文を返していった。ただし、利息は先に差し引き、残りの金額を渡した。前述したように、金貨の場合、一両は四分、一分は四朱の四進法だったが、利子は一両につき二朱だったから、一両借りた時に受け取ったのは三分二朱である。貸出金も利息もさまざまだったが、大体は上記に準じていたようだ。

烏金は一日で返済する高利貸をいった。『守貞謾稿』には「これは一日夜を貸すなり。今日貸して、明日これを還すなり。夜明け烏啼《な》けば必ず還すを法とす故に、からすがねと云《い》ふ」とある。つまり、夜が明けて烏が啼き出す前に返さなくてはいけない、ということだ。ところが、『世事見聞録』には「烏金といふは、朝烏の啼き出すころ貸し出して、夕晩烏の塒《ねぐら》に帰るころ取り返すをいふ」とある。つまり、『守貞謾稿』とは逆で、朝借りて夕方返すことになっている。二つの書は矛盾しているが、ちゃんとした法律があった時代ではないから、両方あったのだろう。烏金の利息は銭百文に対して二〜三文だったという。

日一文は、朝、銭百文を借りて、夕方、百一文を返したことから名づけられた。資本のない行商人などが利用した高利貸で、たとえば、朝四百〜五百文借りて、野菜を仕入れ、それを売って、夕方それに四〜五文を加えて返した。

4、頼母子講《たのもしこう》（無尽）

江戸時代の庶民は金銭を融通しあう共同組織を持っていた。それを上方（京・大坂）では頼母子講、江戸では無尽といった。頼母子講の語源は「頼む」または「田の実」とされる。

中世の初期、金に困った仲間を救うため、少しずつ金を出しあうことから始まったようで、貨幣経済が発達した江戸時代になると盛んになった。

「講」は本来、宗教組織をいったが、ここでは「組織」の意。何人かの仲間（株主）が集まって組織（講）を作り、株主は定期的に一定の金を出す。その金がある額に達した時、その金をくじ引き（あるいは入札）し、当てた株主は優先的に金を借りられる。

早い時期に当たれば、自分が出した金額のトータルより高額の金を受け取れたので、早く金が欲しい人にはありがたかった。

しかし、賭《か》けではないから、当選した人も一期終わるまで掛け金を振り込まなくてはならない。また、一度当選した人は、最後の人に金が渡るまで、入札に参加できない。つまり、二回目からくじ引きに参加できたのは、当たっていない人だけである。

こうして、順番に融資していき、最後には全員が金を受け取れた。

頼母子講＝無尽は仲間を信用しなければ成り立たない融通組織だから、仲間内の結束を固める意味もあったようで、近代に銀行ができてからもこの組織は残った（筆者が生まれた山梨は無尽の盛んな所で、飲み会も兼ねて、現代も行われている）。

二、賄賂《わいろ》

昔観《み》たテレビ時代劇に、強欲な商人から賄賂を受け取った悪代官が「〇〇屋、お主も悪よのう」と言ってにんまりするシーンがあった。類型《パターン》になっていたと記憶する。誰《だれ》がいつ始めたのか知らないが、江戸時代をよく表す場面で秀逸だ。

『御仕置例類集』の「賄賂之部」に、少数ながら、役人へ賄賂を贈った町人・百姓が逮捕された例が載っている。ということは、江戸時代から「収賄は悪」と認識されていたことになるが、「役人の子はニギニギをよく覚え」という有名な古川柳があるように、実際には贈収賄は日常風景だった。

享保四（一七一九）年に成立した『絲乱記《しらん》』は中国から輸入した生糸の専売権などについて記した書物だが、その書に「とかく此世は金銀にましたるものはなかりけり」というくだりが出てくる。金が万能の社会になっていたから、権力者に賄賂を贈って、役にありつこう、「金儲けしよう」と企《たくら》む輩《やから》が多数いた。

儒学者・太宰春台《だざいしゅんだい》に『経済録』と題する書物がある。「経済」の語源である「経世済民（世を経《おさ》め民を済《すく》う）」という語が出てくる書物で、その中に年貢の徴収法について解説したくだりがある。

第一章の「享保の改革」の項（四五頁）に記述した通り、年貢は以前、検見取法《けみとりほう》という方法で徴収されていたが、享保の改革の時、その年の出来高に関係なく、毎年、同じ年貢率で徴収する定免法《じょうめんほう》に切替えられた。

『経済録』はなぜ定免法が良いかを解説しているが、百姓は、その年の出来高を見る「視取」の日に、出来高を低く査定してもらうため、「代官から手代や従僕に至る迄、種々の饗応《きょうおう》、進物をして、金銀も贈った」（現代語訳）と出てくる。定免法はそれがなくなるので、そのほうが良い、というのである。

武士の世界は上に権力が集中するトップダウンの世界だった。幕府の役職に就こうと思えば、実権を持っている者に近づかなければ実現できない。そのため、役職に就きたい武士は、役職に就く人を決める権限を持っている武士に賄賂を贈った。逆にいうと、そうしなければ、役職に就けなかった。

武士を相手に金儲けをしようと考えた商人も、権限を持つ武士に賄賂を贈った。

徳川家の重臣の中で、賄賂をもらわなかった人は皆無に等しいだろう。

賄賂をもらったことでとくに有名なのは、四代将軍家綱の大老・酒井忠清、五代将軍綱吉《つなよし》の側用人《そばようにん》（のち川越・甲府藩主）柳沢吉保《よしやす》、九代将軍家重の老中・田沼意次《おきつぐ》などである。

江戸時代、将軍自ら政治をしたのは三代家光まで。五代綱吉、八代吉宗は例外で、大概は側用人・大老などが政治の実権を握っていた。

では、どういう人が側用人や大老になったのか、というと、将軍の近くにいて、将軍に気に入られた人である。実力者に近づこうと、たくさんの大名・旗本が贈り物を持ってその屋敷に通った。

柳沢吉保の屋敷は「門前市をなす」の賑《にぎ》わいだったという。とくに熱心だったのは肥後五十四万石の領主・細川綱利で、吉保が仕事で城に泊まる時には夜食を差し入れて喜ばれた。

それを知ったほかの大名も吉保に差し入れをしたため、夜食が大量に余ってしまい、さすがの吉保も断った。ところが、諦《あきら》めない大名は多数いて、「何日ならよろしいでしょうか」と聞き、予約を取ったため、差し入れの予約者が一年先まで詰まっていた、という話が伝わっている。真偽のほどはわからないが、似たような話は枚挙にいとまがない。

前出の『甲子夜話《かっしやわ》』巻二に「（吉保が）権勢（権力を持って勢力があった）のとき、諸大名等、其ほどほどの贈物あり」と出てくる。

意次の親は吉宗が紀州から連れてきた足軽で、自身は九代将軍家重の小姓から出発したが、家重の寵愛《ちょうあい》を受けて、家重の子で十代将軍家治の側用人・老中も務めた。

意次については、悪人説は意次を追い落とした松平定信派が撒《ま》いたもので真実ではない、という説もあるが、面会を求める者に気軽に会っていたのは事実である。

『甲子夜話』の著者・松浦《まつら》静山は意次が老中だった頃、面会した時の思い出も書いているが、意次の屋敷は面会人でごった返し、「廊下の両側だけでなく、真ん中に何列も並んでもはみ出してしまうので、その後は廊下に横並びしただけでなく、座敷の外にも待っていた」（現代語訳、要約）とある。また、免職されたあと、屋敷を引き払った時、たくさんの家器を運び出したが、「（静山が）思《おも》いめぐらすには、此許多《このあまた》の財みな一時権威に由て、諸方より賄賂として集りし物なり」とも書いている。意次も受け取っていたと考えるのが自然だろう。

三、掛取り・節季

江戸時代、節句は幕府の公式行事になっていた。

節句のもともとの表記は「節供」である。節は「時節」「季節」、供は「供え物」の意。季節の変わり目の日を節日《せちにち》、節日に行う儀式・宴会を節会《せちえ》といったが、原意は「節日の節会に供える物」である。つまり、節句は、災厄（災害や疫病）を避けるため、季節の変わり目に、神へ供物を捧《ささ》げ、精進潔斎する「物忌《ものい》み」の日だった。

節供の本来の訓《よ》みは「せちく」だったが、現代は促音で「せっく」と発音する。

いつを節句とするかは時代によって異なったが、江戸時代は一月七日の人日《じんじつ》、三月三日の上巳《じょうし》、五月五日の端午《たんご》、七月七日の七夕《たなばた》、九月九日の重陽《ちょうよう》が節句と定められ（「五節句」といった）、大切な祝い日になっていた。

その節句の前日が掛売りの決算日になっていた（節季といった）。節句は商人にとってとくに重要な日だったのである。

現代は買い物をする時、品物と引き換えに現金を支払う。クレジットカードで支払う人もいるが、これも原理は同じである。誰が何をいくらで買ったのか、というデータが店から銀行へ送られ、買った人の口座から買った金額だけ預金が差し引かれる。

ところが、江戸時代は買い物をしても品物と引き換えに現金を渡さなくても良かった。店の側が、誰に何をいくらで売った、ということを帳面に付けておいて、のちに集金したのである。

店の者が売掛金を集金することを「掛取り」、帳面に付けておくことを「付け」といった。「書き付け」の略で、勘定書のことである。

掛取り日は、上方（京・大坂）では、三月の節句の前日、五月の節句の前日、盆前、九月の節句の前日、年末の年五回で、享保期から十月の晦日《みそか》も加わって年六回になった。一方、江戸の掛取り日は盆前と年末の年二回だった。

この制度は、売った人より、買った人のほうが有利に見える。なぜなら、節季になっても買った人が支払うとは限らない。大概の人は支払うつもりで買うが、予定が狂って、支払い日に金がないこともありうる。気持ちはあっても「ない袖《そで》は振れない」のである。つまり、物を売っても集金できないこともある。

そのような商習慣は文学・芸能の絶好の題材となった。

前述の通り井原西鶴は俳諧（近代以降の俳句）から出発して浮世草子（現代の小説）の作者になった人だが、西鶴が作った「大晦日定めなき世のさだめ哉」という有名な俳諧は大晦日のこの商習慣を詠んでいる。

西鶴の浮世草子『世間胸算用』は時間を一年の収支決算日である大晦日の二十四時間に限定して、商人と買い手の町人たちの虚々実々のやりとりを描いている。

四、寺社の商法

江戸時代は寺社が幕府の統治機構の末端の役割を果たしていた。

江戸時代はキリスト教への入信が禁止され、家族単位で寺へ所属することを義務づけられていた。寺に所属すると、キリシタンでないことの証明になったのである。その制度を寺請制度といった。

全国民を寺に所属させるには寺のない村にも寺を造らなければならない。村々に寺院が造られたが、寛永八（一六三一）年以前に存在した寺院を「古跡寺院」、それ以後に造られた寺院を「新地寺院」といって区別した。

行政機構の末端を担わせるのだから、寺社には何か恩恵を与えなければならない。そのため、初期は古跡寺院に寺領を与えるなどした。

しかし、元禄時代を過ぎると幕府の財政は破綻《はたん》し、寺社を援助する余裕はなくなった。そこで寺が収入を得るために行う事業を認可したのである。

江戸時代の寺社の資金調達法は大別して六つあった。

第一は、宗教行為による金集め。回向料・祈禱《きとう》料などがこれに当たる。

第二は、檀家《だんか》・氏子からの寄付。寺社への寄付を表す言葉は布施・喜捨・寄進・奉納・奉加など数多い。

第三は、寺領からの収入。享保期（十八世紀前半）の寛永寺・増上寺は江戸近郊にそれぞれ一万石の寺領を持っていた。寺領は幕府から寄進された土地だから、年貢は免除である。

第四は、イベントを行って寄付を増やす方法。

その方法には開帳と縁日がある。開帳は普段は見せない仏像などを公開すること、縁日は神仏との所縁の日（降誕・示現など）を選んで祭祀《さいし》や供養を行うことをいう。また、庶民に親しんでもらうため、大きな寺社の境内は遊園地化していた。

第五は、富籤《とみくじ》。現代の宝くじで、富籤の収入は寺社に入った。

第六は、資産運用。手持資金を寝かしておかず、投資・運用した。

以上、六つのうち、この項では寺社が収入を増やすために行った事業である開帳・富籤・資産運用について述べる。

1、開帳

開帳は普段見せない秘仏を公開して喜捨を募ることをいう。仏像を収めた厨子《ずし》は普段閉鎖しているが、その厨子の扉を開いて信者に仏像を拝ませる。そのため、京では「拝ませ」ともいった。

開帳には、三十三年毎《ごと》に公開する「定期開帳」と臨時に公開する「臨時開帳」がある。ところが、寺院からすれば、三十三年では間隔が空きすぎる。そこで大概の寺院は数年置きに開帳した。つまり、ほとんどは臨時開帳だった。

もう一つ、地方の寺院が江戸など人口の多い都市に出向いて行う出開帳と、人口の多い都市にある寺がその寺で行う居開帳に分けられる。

比留間尚『江戸の開帳』（『江戸町人の研究』第二巻所収）に拠《よ》ると、承応から慶応（一六五二〜一八六八年）までの開帳は千五百六十五回で、うち居開帳が八百二十四回、出開帳が七百四十一回だった。最盛期は寛保から天保（一七四一〜一八四四年）までで、年平均十三〜十四回行われた。

江戸で行われた最初の居開帳は承応三（一六五四）年に行われた浅草寺の開帳のようだ。この時、浅草寺は賽銭を商人に三百両で売り渡し、世間の非難を浴びた。商人に丸投げして、銭を数えて両替する手間を省いたのである。

三百両しか集まらなかった、ということは、この時期の浅草寺は有名ではなかったのである。ところが、明暦三（一六五七）年の明暦の大火（「振袖火事」ともいう）のあと、幕府公認の遊《ゆう》廓《かく》・吉原が裏側に移転してきたことで、浅草寺の参詣者は急増した。浅草寺の繁昌は吉原のお蔭といえる。

地方の寺が江戸で出開帳をする時、一番使われた会場は両国の回向院《えこういん》である。回向院が群を抜いて多かったのは、無宗派で、都心に近かったためだろう。続いて、深川・永代寺（富岡八幡宮）、湯島天神、浅草寺、音羽の護国寺などが多かった。

江戸で初めての出開帳は、元禄十三（一七〇〇）年に護国寺で行われた京・嵯峨《さが》の清凉《せいりよう》寺の出開帳のようだ。斎藤月岑《げつしん》の『武江年表』の元禄十三年の条に「護国寺にて城州（京）嵯峨清凉寺釈迦如来開帳（四月二十七日下向ありし由なれば、五月より開帳始まりしなるべし。日数は八十日の間也。此の本尊、江戸始めての開帳にして、貴賤群集 夥《おびただ》しかりしとぞ）」とある。

江戸で出開帳をしたことで有名になった寺院に成田山新勝寺がある。

元禄十六（一七〇三）年、成田山は初めて江戸で出開帳を行った。深川の永代寺の境内に不動明王を安置する小屋を建て、四月二十七日から六月二十七日までの二カ月間公開した。二千両以上の収入があり、本堂の建立などの借財（五百両）をすべて返済しただけでなく、鐘楼などの建築費も確保した。

成田山新勝寺はそれまで江戸の庶民に知られていなかった。江戸からはるかに離れた地にある寺だから、知られていなかったのも当然だろう。

見物人をたくさん集めるには何より宣伝が大切。成田山は江戸に乗り込む際、信者と一緒にデモンストレーションを行うなど、あの手この手で宣伝した。

成田山の出開帳が大成功したのは初代市川団十郎の力によるところが大きい。CMタレントに初代団十郎を起用したのである。

団十郎は父親・重蔵の出身地にある成田山の不動尊を信仰していた。団十郎は若い頃、子どもに恵まれなかったが、成田山の不動尊に祈った甲斐《かい》あって、二十八歳の時ようやく、

開帳　三代豊国『成田山開帳参詣群集図』（三枚続き）　東京都立中央図書館蔵

息子・九蔵（のち二代団十郎）を授かった。そのため、団十郎は「九蔵は成田の不動尊の申し子」と吹聴《ふいちょう》していたのである。

開帳と同じ時期の四月二十一日から七月十三日まで、団十郎は木挽町《こびきちょう》の森田座で自作自演の『成田山分身《ふんじん》不動』を上演し、不動尊の人気を煽《あお》った。現代の言葉でいえば、この作品は成田山の出開帳に合わせたタイアップ企画である。

初代団十郎は胎蔵界の不動、息子の九蔵は金剛界の不動を演じたが、五番続きの大切《おおぎり》（最終幕）で、二人は成田山の不動尊の分身である二体の不動となって示現した。名題の「分身」はそこから来ている。

この歌舞伎を見た観客が隅田川を渡って深

川の永代寺（八幡宮）へ押しかけた。そのため、成田山の開帳は予想をはるかに上回る興行収入をあげたのである。

実は、団十郎が不動の登場する作品を上演したのはこれが初めてではない。六年前の元禄十（一六九七）年五月、中村座で『兵根元曾我《つわものこんげんそが》』を自作自演している。

名題に「曾我」とあるように、題材は鎌倉時代に曾我十郎・五郎兄弟が親の仇《かたき》・工藤祐経《すけつね》を討った仇討《あだうち》事件である。団十郎は主役の曾我五郎、息子の九蔵は通力坊実は不動明王を演じたが、不動明王は大切に姿を現し、五郎に超人的な勇気と怪力を与え、そのため五郎は祐経を討ち果たせた、という話である。

元禄元（一六八八）年生まれの息子・九蔵は満九歳。万治三（一六六〇）年生まれと推測される親の団十郎は満三十七歳である。団十郎は息子・九蔵の初舞台に不動明王の登場する作品を選び、息子に演じさせた。

団十郎家の十八の得意芸を「歌舞伎十八番」という。『不動』もその中に入れられているが、この時に初演された。

この『兵根元曾我』の時、多数の観客が連日、中村座へ押しかけ、毎日十貫文以上の賽銭が舞台へ投げられた、と伝えられる。この作品を演じ終えた団十郎親子は成田山へ御礼参りに行き、賽銭五百貫文と神鏡・幕を寄進した。

市川団十郎家の屋号は成田屋だが、その屋号はこの時以降、名乗るようになったとされる。つまり、成田山と団十郎家の関係はこの時成立した。

成田山が江戸で初めて開帳したのはその六年後である。成田山が団十郎に依頼したのか、団十郎が買って出たのか不明だが、団十郎が不動明王の霊力を宣伝したことで、開帳は大成功したのである。

この時以降、幕末の安政三（一八五六）年までに、成田山は江戸で、十二回の開帳を行った。二代目以降の団十郎はその都度、不動尊の宣伝に努めた。

安政三年の成田山の開帳も深川・永代寺で行われたが、『武江年表』は「江戸着の時、送迎の人数、千住より深川迄、街巷《ちまた》に塞《ふさが》り、錐《きり》を立つべき所もなし。開帳中、日参朝参等夥しく、諸人山をなせり。永代寺境内は寸地を洩らさず、看せ物、茶店、諸商人の仮屋をつらねたり。又奉納の米穀、幟《のぼり》、挑灯《ちょうちん》、扁額等、境内に充満せり」と書いている。

成田山は信徒を動員して大々的なデモンストレーションを行ったが、人出を見込んで、見世物、茶店などが境内に店を出した、というのである。

現代の東京およびその周辺の初詣《はつもうで》の、人気のベスト3は明治神宮・川崎大師・成田山新勝寺だという。たびたびの開帳で、成田山信仰は江戸の庶民に根を下ろし、それが現代も受け継がれているのである。

なお、現代の東京メトロの東西線に門前仲町駅がある。その駅で電車を降りて地上に出ると、すぐ近くに成田山の深川不動堂がある。門前仲町は、深川不動堂の門前という意味と勘違いしている人もいるが、その辺りは永代寺（深川八幡宮）の元境内で、深川不動堂は開帳の縁で、明治になってから造られた。

では、出開帳の参詣人の数はどのくらいで、賽銭はいくら集まったのか。

大田南畝《なんぽ》は『半日閑話』に、信濃の善光寺が安永六（一七七七）年六月一日から六十日間、両国の回向院で行った開帳について、人出は一日二十六万七千三百人として六十日間で千六百三万八千人、賽銭はおよそ二万千六百三両になるだろう、と書いている。ただ、これはお遊びの計算だから、割り引いて考えたほうが良い。

実は、賽銭が集まったのは江戸時代中期までで、後期になるとあまり集まらなくなった。現代と同じく、寛政の改革以降は慢性の不景気で、賽銭を出したくてもお金を持っている人が減ってしまったのである。

茶人の十方庵が文化・文政期に江戸の名所・旧跡を訪ね歩いて記録した『遊歴雑記』の二編

巻之中に次のような文章が出てくる。
「小石川・西岸寺の源空上人の鏡の御影《ごえい》は古くからこの寺にあったものではない。天明五（一七八五）年、京・嵯峨の二尊院が本所・回向院で六十日間開帳をしたが、雨の日が多く、風邪も流行しており、見物人が集まらず、また賽銭も少なかったため、出張中の経費を差し引くと、帰りの費用がなく、持ってきた鏡の御影をこの寺に売って、帰りの費用に充てた」（現代語訳、要約）
つまり、雨に祟《たた》られたことや宣伝の拙《まず》さもあるが、後期になると、江戸は一部を除いて貧乏人ばかりになってしまい、「ありがたい」秘仏を見ても、感激して大金を寄進する人が少なくなってしまったのである。

2、富籤

現代の日本は賭博《とばく》大国だが、それは江戸時代から始まっていた。とくに幕末は博奕《ばくち》を生業《なりわい》とするヤクザが跋扈《ばっこ》していたのである。

江戸時代も現代の宝くじみたいなものがあった。いや、逆で、江戸時代の富籤を真似《まね》て、現代の宝くじはつくられたのである。

富籤の興行は寺社の財政を潤すために行われ、興行できたのは寺社だけである。寺社が建物修理などの名目で寺社奉行に興行の申請を行い、売り上げの一割が寺社の収入になった。逆にいうと、当選しても、当選者に渡る当選金は七割程度で、残り約三割のうち、約一割が寺社への奉納金、同じく約二割が諸費用である。

富籤は番号を書いた紙の札を市中で販売し、同じ番号の木札を作って大きな箱の中に入れ、大きな錐のような物でその木札を突いて当選番号を決めた。そのため、富籤は「富突」「突富」ともいった（略して「富」である）。

当たりの最高額を「一の富」といった。当たりの最高額は時期や場所によって異なったが、数百万両から百両くらいだった。二等賞は二の富、三等賞は三の富である。最下位は初め、二分（一分は一両の四分の一）だったが、のちに三十万両くらいの時もあった。

現代の宝くじには前後賞、組違い賞もあるが、それも江戸時代の富籤の模倣である。江戸時代は一の富の前後賞を「両袖付」、組違い賞を「合番」といった。

抽選券を「富札」といい、一枚の価格は（これも時期や場所によって異なったが）金一分から金一朱くらいだった。金一朱は一両の十六分の一である。仮に一両＝十万円とすると、二万五千円から数千円で、大変高価だった。

富札の発行枚数はもちろん、主催者によって異なるが、三万枚から数千枚だった。「一の富」の当選確率は三万分の一～数千分の一だから、現代の宝くじと比べると当選確率は高かった（現代のジャンボ宝くじの一等当選確率は一千万分の一）。

富籤は鎌倉時代から行われていたようだ。江戸時代の元禄五（一六九二）年、町触で富籤は禁止された。つまり、富籤はそれ以前から開催されていた（寺社の興行だったのかどうかは不明）。享保十五（一七三〇）年四月、京・仁和寺《にんなじ》の修復費の調達を目的とする富籤興行が江戸・音羽の護国寺で開催された。これが寺社の主催する富籤の最初と見られる。

江戸時代中期まで、江戸の富籤は大概、早稲田の宝泉寺《ほうせんじ》と谷中の感応寺《かんのうじ》（のちの天王寺《てんのうじ》）だけで行われていたようだ。

明和年間（一七六四～七二年）以降、幕府は興行を許可する基準を緩めたようで、多数の寺社で富籤が行われるようになった。中でも有名だったのは、前記の感応寺、湯島天神、目黒不動（滝泉寺）で、「江戸の三富」といわれた。

しかし、松平定信による寛政の改革によって抑制され、許可されたのは、江戸・京・大坂の寺だけで、年三回に限られた。

ところが、文政四（一八二一）年になると、幕府は再び富籤の許可条件を緩和した。財政難

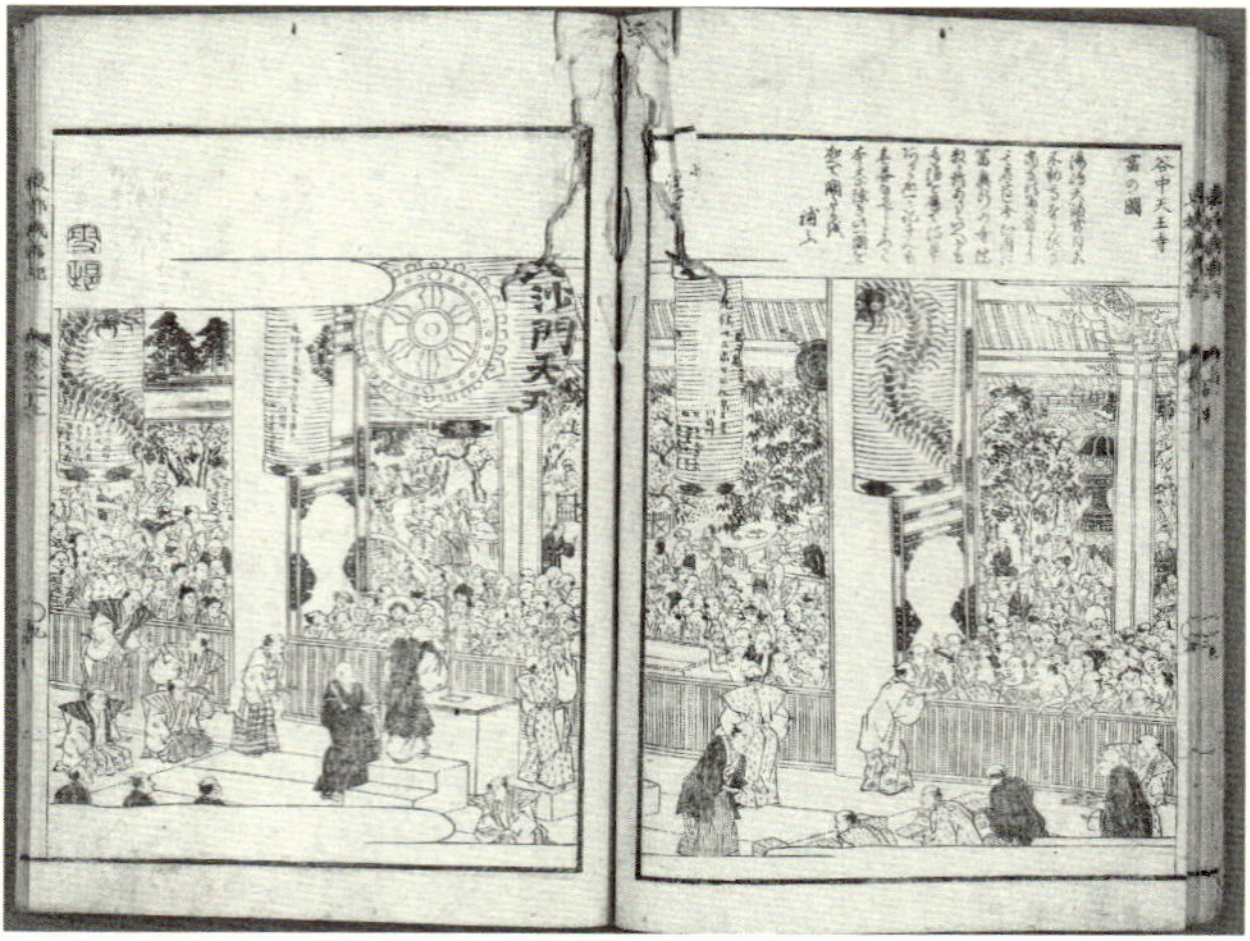

富籤　『東都歳事記・谷中天王寺富の図』

で幕府は寺社を助成できない。寺社の修理は富籤のあがりでやってもらおう、ということである。

この文化・文政期（一八〇四～三〇年）が富籤の最盛期で、文政期の富籤の開催場所は江戸だけで三十カ所以上あったという。文政末期には年に百二十回も行われていたというから、三日に一日はどこかの寺院で開催していたことになる。

先ほど、富籤の抽選券の販売価格は高価だった、と書いた。では、富籤をやっていたのは金持ちだけだったのか。調査されたわけではないから断定的にいえないが、一般庶民も何人かで金を出しあって富札を買っていたようだ。

「陰富《かげとみ》」といわれた私設の富籤もあった。もちろん、犯罪である。

陰富は寺社の富籤（本富）を利用した私設富籤で、本富の当たり番号をそのまま当選番号にした。つまり、公営競馬を利用して行う私設競馬と原理は同じ。富札は百文くらいで、一等は八百文くらいだったという。開催経費がかからないため、配当比率が良かったから、本富を凌《りょう》駕《が》する人気を集めたらしい（一七〇頁「水戸藩恐喝事件」を参照）。

陰富の人気に押されたこともあって、本富は次第に衰退する。富札が大量に売れ残るようになったのである。寺社の側も購買意欲を高めるため、さまざまな工夫をした。前述した両袖付・合番が生まれたのはこの時期である。

つまり、道徳の荒廃が進み、天保期になると、都会でも田舎でも、博奕が公然と行われるようになり、富籤は見向きもされなくなった。

天保十二（一八四二）年、水野忠邦による天保の改革が始まり、翌年三月、富籤禁止令が出され、幕府崩壊まで復活することはなかった。

3、資金運用

寺社が開帳・富籤などさまざまな方法で資金を確保したことは前述した。一方、支出で大きいのは建物の新築・修繕費と僧侶《そうりょ》・神職の生活費である。

しかし、将来の支払いのための留保金や予備費などをただ持っていても何の利益もない。泥棒に入られて失うこともあるし、火事で焼失することもある。もちろん、担当者が使い込む可能性もある。

したがって、金を貸し出して、金利を得るのが得策。江戸時代は金融業を営むのに免許は要らず、自由に金融業を営むことができたから、大きな寺社は大概、余っている金、当面使わない金を融資していた。

問題は貸金の回収である。もちろん、担保を取って貸したが、回収できなかったものも多数あったようだ。そこで、幕府の権威を利用する貸付に切替えた。

先祖の霊を祀《まつ》る所を「祠堂《しどう》」、その建築・修理のための金銭を「祠堂金」といった。この祠堂金を貸すという名目で、寺院はあらかじめ、借主の名前・住所・金額などを幕府に届け出て、返済が滞った時は町奉行所などから返金を催促してもらった。

つまり、寺社の金融業は幕府から保護されたわけで、安全性に目をつけた裕福な町人や豪農がこれに出資するようになった。信託投資である。

そうなると、アマチュアでは運用できない。三井両替店などへ業務を委託した。三浦俊明

『近世寺社名目金の史的研究』に拠ると、三井は寛永寺から年七パーセントの利息で二千五百両を預かり、地所を担保として米穀商などに月一分（すなわち年十二パーセント）で貸し出したという。その差額が三井の利益である。そして、万一、返済が滞った時には江戸町奉行所へ訴え出て、土地を公売処分してもらい、貸金を回収したのである。

つまり、大きな寺社は金融業も営んでいた。

しかし、そもそも宗教者が利殖に手を染めて良いのか。たとえば、武陽隠士の『世事見聞録』は次のように書いている。

「開帳・説法・施餓鬼《せがき》などにも衆生済度《しゆじようさいど》のためにはあらず。みな利益を得るの工夫にて、法事・葬式・加持・祈禱《きとう》をも布施の厚薄、礼禄の多少によつて格式を改め、次第を分ち、あるいは富・歓化・奉加・日掛講中などを企て、また頼母子講・積金講そのほか種々、金融融通の筋を目論み」「宮門跡方、そのほか諸家の本寺触頭は、祠堂金・相続金などいへる名目にて、末寺そのほか金銀貸付けも、利を貪《むさぼ》るなり。もつとも実正の本金はわづかばかりなるに、有徳の町人・百姓の金銀を取り籠め、貸し付け、その町人・百姓に利潤を配分するなり。常々の権威とは大いに違ひ、拙き仕業なり。末寺などは支配下のこと故、自由に押へて利をとるなり。子が親に奪はるるなり。また町人・百姓等へ右等の名目のみ貸し遣はして運上などとるなり。町人・百姓は名目の威勢をかりて、金銀を貸して利を貪るなり。そのほか御朱印地また御由緒ある寺社類も、これまた御霊屋《おたまや》金・御供養料・御茶湯料など号して貸し付け、困窮人より利息を取り、その利息を以て神仏の事を賄ふ事、もつとも神仏になる所は少しばかりにして、多分己れらが奢り驕るの道の費えなり。右体利息などの事は仏神の道にあるまじきなり」

このあと、強引な取り立てについて記しているが、現代のサラ金の取り立てとまったく変わらない。

「地獄の沙汰《さた》も金次第」という俚言《りげん》は、地獄で受ける裁判も、金を出せばどうにかなる、という意味である。悩める衆生に対し、神仏は平等に救いの手を差し伸べる筈《はず》だが、現実はそうではなかった。現代も金儲けが目的のような宗教が見受けられるが、江戸の寺社も同じだったのである。

参考文献

『御触書寛保集成』→高柳真三ほか編『御触書寛保集成』岩波書店、一九三四年
竹田出雲ほか『仮名手本忠臣蔵』→乙葉弘校註『日本古典文学大系51』岩波書店、一九六〇年
『徳川実紀』→黒板勝美ほか編『国史大系　第42巻』吉川弘文館、一九六五年
戸田茂睡『御当代記』→塚本学校註『御当代記』平凡社・東洋文庫、一九九八年
著者不詳『江戸真砂六十帖』→森銑三ほか監修『燕石十種　第4巻』中央公論社、一九七九年
加藤曳尾庵『我衣』→森銑三ほか編『日本庶民生活史料集成　第15巻』三一書房、一九七一年
井原西鶴『日本永代蔵』→暉峻康隆訳註『現代語訳西鶴全集　第9巻』小学館、一九七七年
宮崎安貞『農業全書』→土屋喬雄校訂『農業全書』岩波書店・岩波文庫、一九三六年
寺島良安『和漢三才図会』→遠藤鎮雄編『日本庶民生活史料集成　第28巻』三一書房、一九八〇年
新井白石『折たく柴の記』→松村明校註『折たく柴の記』岩波書店・岩波文庫、一九九九年
大蔵永常『広益国産考』→土屋喬雄校訂『広益国産考』岩波書店・岩波文庫、一九四六年
成田思斎『蚕飼絹篩大成』→本庄栄治郎ほか編『近世社会経済叢書　第4巻』クレス出版、一九八九年
大蔵永常『綿圃要務』→小西正泰ほか解題・校註『日本農書全集15』農山漁村文化協会、一九七七年
近松門左衛門『女殺油地獄』→鳥越文蔵訳註『日本古典文学全集44』小学館、一九七五年
『江戸買物独案内』→西山松之助編『江戸町人の研究　第3巻』吉川弘文館、二〇〇六年
『御触書天保集成』→高柳真三ほか編『御触書天保集成　上・下』岩波書店、一九三七年・一九四一年

武陽隠士『世事見聞録』↓本庄栄治郎校訂『世事見聞録』岩波書店・岩波文庫、一九九四年
鹿島萬兵衛『江戸の夕栄』中央公論社・中公文庫、一九七七年
著者不詳『文政年間漫録』↓三田村鳶魚編『未刊随筆百種　第1巻』中央公論社、一九七六年
喜田川守貞『守貞謾稿』↓宇佐美英機校訂『近世風俗志』岩波書店・岩波文庫、一九九六～二〇〇二年
中村重助『芝居乗合話』↓芸能史研究会編『日本庶民文化史料集成　第6巻』三一書房、一九七三年
伊原敏郎『歌舞伎年表』岩波書店、一九五六～六三年
初代中村仲蔵『月雪花寝物語』↓谷川健一ほか編『日本庶民生活史料集成　第15巻』三一書房、一九七二年
三代中村仲蔵『手前味噌』↓郡司正勝校註『手前味噌』青蛙房、一九六九年
曲亭庵主人『三座例遺誌』↓芸能史研究会編『日本庶民文化史料集成　第6巻』三一書房、一九七三年
三井高房『町人考見録』↓赤堀又次郎編『徳川時代商業叢書　第1』名著刊行会、一九六五年
井原西鶴『好色一代男』↓暉峻康隆ほか訳註『日本古典文学全集38』小学館、一九七一年
井原西鶴『西鶴織留』↓暉峻康隆訳註『現代語訳西鶴全集　第9巻』小学館、一九七七年
八文字屋自笑『役者全書』↓芸能史研究会編『日本庶民文化史料集成　第6巻』三一書房、一九七三年
艸田寸木子『女重宝記』↓長友千代治校註『女重宝記・男重宝記』社会思想社・現代教養文庫、一九九三年
式亭三馬『浮世風呂』↓神保五彌校註『新日本古典文学大系86』岩波書店、一九八九年
風来山人(平賀源内)『根無草』↓中村幸彦校註『日本古典文学大系55』岩波書店、一九六一年

松浦静山『甲子夜話』→中村幸彦ほか校訂『甲子夜話1』平凡社・東洋文庫、一九七七年
書方軒『心中大鑑』→国書刊行会編『近世文芸叢書　第4』第一書房、一九七六年
近松門左衛門『曾根崎心中』→森修ほか訳註『日本古典文学全集43』小学館、一九七二年
近松門左衛門『冥途の飛脚』→鳥越文蔵訳註『日本古典文学全集44』小学館、一九七五年
近松門左衛門『心中天の網島』→鳥越文蔵訳註『日本古典文学全集44』小学館、一九七五年
近松門左衛門『女殺油地獄』→鳥越文蔵訳註『日本古典文学全集44』小学館、一九七五年
伊東多三郎『幕藩体制』弘文堂・アテネ文庫、一九五六年
岡山鳥『江戸名所花暦』→市古夏生ほか校訂『新訂江戸名所花暦』筑摩書房・ちくま学芸文庫、二〇〇一年
斎藤月岑『武江年表』→金子光晴校訂『増訂武江年表』平凡社・東洋文庫、一九六八年
菅茶山『筆のすさび』→植谷元ほか校註『新日本古典文学大系99』岩波書店、二〇〇〇年
十方庵『遊歴雑記』→朝倉治彦編訂『遊歴雑記　初編』平凡社・東洋文庫、一九八九年
江戸叢書刊行会編『江戸叢書　巻の4』名著刊行会、一九六四年
山川菊栄『武家の女性』岩波書店・岩波文庫、一九八三年
山川菊栄『覚書幕末の水戸藩』岩波書店、一九七四年
河竹新七(黙阿弥)『天衣紛上野初花』→古井戸秀夫ほか編『歌舞伎オン・ステージ11』白水社、一九九七年
『御仕置例類集』→『御仕置例類集』名著出版、一九七一~七四年

藤岡屋由蔵『藤岡屋日記』→鈴木棠三ほか編『近世庶民生活史料　藤岡屋日記　第1巻』三一書房、一九八七年
三田村鳶魚「寛永寺の上野」→森銑三ほか編『三田村鳶魚全集　第8巻』中央公論社、一九七五年
水野為長『よしの冊子』→森銑三ほか編『随筆百花苑　第8・9巻』中央公論社、一九八〇～八一年
信濃教育会編『一茶全集』信濃毎日新聞社、一九七六～七九年
著者不詳『人倫訓蒙図彙』→朝倉治彦校注『人倫訓蒙図彙』平凡社・東洋文庫、一九九〇年
高石屋通喬『絲乱記』→赤堀又次郎編『徳川時代商業叢書　第1』名著刊行会、一九六五年
太宰春台『経済録』→横川四郎編『近世社会経済学説大系　第6』誠文堂新光社、一九三五年
井原西鶴『世間胸算用』→前田金五郎訳註『世間胸算用』角川書店・角川文庫、一九七二年
比留間尚『江戸の開帳』→西山松之助編『江戸町人の研究　第2巻』吉川弘文館、二〇〇六年
大田南畝『半日閑話』→濱田義一郎ほか編『大田南畝全集　第11巻』岩波書店、一九八八年
三浦俊明『近世寺社名目金の史的研究』吉川弘文館、一九八三年

赤坂治績（あかさか ちせき）

一九四四年山梨県生まれ。江戸文化研究家、演劇評論家。劇団前進座、「演劇界」編集部を経て独立。歌舞伎、浮世絵をはじめ江戸文化を中心とした著述を行っている。『完全版 広重の富士』（集英社新書ヴィジュアル版）、『江戸っ子と助六』『知らざあ言って聞かせやしょう』（新潮新書）、『ことばの花道―暮らしの中の芸能語』（ちくま新書）、『歌舞伎ことばの辞典』（講談社）など著書多数。

集英社新書〇八〇〇D

江戸《えど》の経済《けいざい》事件《じけん》簿《ぼ》 地獄《じごく》の沙汰《さた》も金次第《かねしだい》

二〇一五年九月二二日 第一刷発行

著者……赤坂治績《あかさかちせき》
発行者……加藤 潤
発行所……株式会社集英社
東京都千代田区一ツ橋二-五-一〇 郵便番号一〇一-八〇五〇
電話 〇三-三二三〇-六三九一（編集部）
〇三-三二三〇-六〇八〇（読者係）
〇三-三二三〇-六三九三（販売部）書店専用

装幀……原 研哉
印刷所……大日本印刷株式会社 凸版印刷株式会社
製本所……ナショナル製本協同組合

定価はカバーに表示してあります。

ISBN 978-4-08-720800-9 C0221

集英社新書　好評既刊

歴史・地理――D

- 「日出づる処の天子」は謀略か　黒岩重吾
- 日本人の魂の原郷　沖縄久高島　比嘉康雄
- 沖縄の旅・アブチラガマと轟《とどろき》の壕　石原昌家
- アメリカのユダヤ人迫害史　佐藤唯行
- 怪傑！　大久保彦左衛門　百瀬明治
- 富士山宝永大爆発　永原慶二
- お産の歴史　杉立義一
- 寺田寅彦は忘れた頃にやって来る　松本　哉
- 妖怪と怨霊の日本史　田中　聡
- 陰陽師　荒俣　宏
- ヒロシマ――壁に残された伝言　井上恭介
- 悪魔の発明と大衆操作　原　克
- 英仏百年戦争　佐藤賢一
- 死刑執行人サンソン　安達正勝
- 信長と十字架　立花京子
- 戦国の山城《やまじろ》をゆく　安部龍太郎
- パレスチナ紛争史　横田勇人
- ヒエログリフを愉しむ　近藤二郎
- 僕の叔父さん　網野善彦　中沢新一
- 太平洋――開かれた海の歴史　増田義郎
- ハンセン病　重監房の記録　宮坂道夫
- 勘定奉行　荻原重秀の生涯　村井淳志
- 江戸の妖怪事件簿　田中　聡
- 沖縄を撃つ！　花村萬月
- 反米大陸　伊藤千尋
- ハプスブルク帝国の情報メディア革命　菊池良生
- 大名屋敷の謎　安藤優一郎
- イタリア貴族養成講座　彌勒忠史
- 陸海軍戦史に学ぶ　負ける組織と日本人　藤井非三四
- 在日一世の記憶　小熊英二　姜尚中　編
- 徳川家康の詰め将棋　大坂城包囲網　安部龍太郎
- 「三国志」漢詩紀行　八木章好
- 名士の系譜　日本養子伝　新井えり

a pilot of wisdom

日本とドイツ ふたつの「戦後」

熊谷 徹